COUVERTURE SUPERIEURE ET INFERIEURE
EN COULEUR

MÉMOIRES
DU
BOULEVARD

PAR

ALBERT WOLFF

PARIS
LIBRAIRIE CENTRALE
24, BOULEVARD DES ITALIENS

M DCCC LXVI

TOUS DROITS RÉSERVÉS

EN VENTE A LA MÊME LIBRAIRIE

Héloïse Paranquet, comédie en quatre actes, par ARMAND DURANTIN, 1 vol. grand in-18 jésus.	2
La Légende de l'Homme éternel, par ARMAND DURANTIN, 1 vol. grand in-18 jésus.	3
La Foire aux grotesques, par PIERRE VÉRON, 1 volume gr. in-18 jésus.	3
La Famille Hasard, par PIERRE VÉRON, 1 vol. gr. in-18 jésus.	3
Le Pavé de Paris, par PIERRE VÉRON, 1 volume grand in-18 jésus. (2ᵉ édition).	3
Avez-vous besoin d'argent? par PIERRE VÉRON, 1 volume in-18 jésus.	3
Le Roman de la Femme à barbe, par PIERRE VÉRON, 1 vol. grand in-18 jésus. (2ᵉ édition).	3
La Veuve de Sologne, par le vicomte PONSON DU TERRAIL, 1 volume grand in-18 jésus. (2ᵉ édition).	3
Le vrai Maudit, par Mᵐᵉ ***, 2 volumes in-8.	10
Tartuffe spirite, par ALFRED DE CASTON, 1 volume in-8. . .	5
Les Vendeurs de bonne aventure, par ALFRED DE CASTON, 1 volume grand in-18 jésus.	3
Les Plaies légales, par ALEXANDRE LAYA, 1 volume in-8. .	5
L'Église unie à l'État, par ACHILLE DELORME, 1 vol. in-8.	5
La Révolution du journalisme, par ARNOULD FRÉMY, 1 vol. in-8.	6
Les Révolutions du Mexique, par GABRIEL FERRY, 1 vol. gr. in-18 jésus.	3
La Pudeur, par PAUL PERRET, 1 vol. gr. in-18 jésus. . . .	3
Les Quatre Coins de Paris, par LÉO LESPÈS (TIMOTHÉE TRIMM), 1 volume gr. in-18 jésus. (2ᵉ édition).	3
Les Tableaux vivants, par LÉO LESPÈS (TIMOTHÉE TRIMM), 1 volume gr. in-18 jésus. (2ᵉ édition).	3
Mystérieuses, par AIMÉ GIRON, 1 volume gr. in-18 jésus. .	3
Ce que je pense d'Henriette Maréchal, par PIPE EN BOIS, 1 br. in-8.	1
Les Joueuses, par Mˡˡᵉ MAXIMUM, 1 vol. gr. in-18 jésus. .	3
Les Braconniers du Nouveau Monde, par H. GAILLARD, 1 volume gr. in-18.	3
La belle Féronnière, par ALBERT BLANQUET, 1 vol. gr. in-18 jésus.	3
Les Français de la décadence, par HENRI ROCHEFORT, 1 v. gr. in-18 jésus.	3
Les Heures parisiennes, par ALFRED DELVAU, 1 beau vol. gr. in-16, accompagné de 25 gravures à l'eau-forte, par BÉNASSIT, tirées à part.	5
Exemplaires sur papier vergé, gravures sur Chine.	10

PARIS. — IMP. POUPART-DAVYL ET COMP., RUE DU BAC, 30

MÉMOIRES
DU BOULEVARD

DU MÊME AUTEUR

LES VEILLÉES DU CAFÉ RICHE

Un volume grand in-18 (*sous presse*).

MÉMOIRES

DU

BOULEVARD

PAR

ALBERT WOLFF

PARIS
LIBRAIRIE CENTRALE
24, BOULEVARD DES ITALIENS
—
MDCCCLXVI
TOUS DROITS RÉSERVÉS

J'ai donné à ce livre le titre de MÉMOIRES DU BOULEVARD, *parce qu'il traite du monde mixte qui commence au faubourg Montmartre et finit au bout du premier lac du Bois.*

Tout quartier de Paris a sa physionomie déterminée; seul le boulevard change d'aspect à chaque instant.

C'est un terrain neutre où se rencontre une société panachée.

On y voit la gloire et la honte... le travail et la paresse... les Parisiens et les étrangers... les grands financiers et les petits filous... les hommes d'esprit et les idiots... les sublimes et les grotesques... et sur la chaussée passent les honnêtes femmes et les autres ; enfin on y trouve tout Paris, c'est-à-dire cette population étrange, capable de tout héroïsme et de toute bassesse, et qui est comme une sorte de carte d'échantillon de ce qui vit, se meut et s'agite au-dessus de nous, comme de ce qui grouille et rampe à nos pieds.

ALBERT WOLFF.

Paris, 1866.

MÉMOIRES
DU BOULEVARD

I

LE CRÉTINISME EFFRÉNÉ DES HOMMES

L'année a gaiement commencé par un charmant procès dont l'héroïne est mademoiselle Cora Pearl, qui a tant fait parler d'elle depuis deux ou trois ans ; il s'agissait, non d'une dentelle ou d'une robe, de perles fines, ou de diamants, mais d'un simple cheval arabe qui avait coûté quinze mille francs et qui a été revendu deux mille cinq cents francs. Quand on désire connaître les choses parisiennes, il faut interroger les marchands de chevaux de notre temps. La semaine dernière, j'ai accompagné un jeune gentilhomme de mes amis chez un marchand de chevaux des Champs-Élysées, et j'ai appris en cette circonstance bien des choses que j'ignorais : par exemple, qu'une petite dame qui se respecte un peu ne peut plus atteler une paire de chevaux au-dessous de vingt mille francs, et que telle écurie d'une demoiselle qui a commencé dans une loge de concierge, représente cinq mille livres de rente. Cent mille francs! C'était autrefois une somme fantastique que l'on ne devait entrevoir que dans les hallucinations de la nuit ou dans l'ivresse de l'opium ; aujourd'hui avec cent mille francs on trouve à peine des chevaux pour une existence convenable. Ajoutez à ceci le prix des voitures, les gages du cocher, du palefrenier, des gens de la maison, le couturier, le bijoutier et les pertes à Hombourg, et l'on voit avec effroi que les caves de la Banque de France ne contiennent pas de quoi entretenir, pendant une saison, le train de maison des petites dames du Bois, et que tout n'a pas encore été dit sur le luxe effréné de ces demoiselles et le crétinisme effréné de ces messieurs.

Le jeune gentilhomme que j'ai accompagné chez Marx et fils passa l'inspection des écuries, fit sortir deux chevaux que les palefreniers faisaient trotter derrière le Palais de l'Industrie, puis il demanda le prix.

— Dix-huit mille francs! répondit le marchand.

Mon ami hésita un instant, roula une cigarette entre ses doigts et dit:

— Vous les enverrez le 1er janvier à mademoiselle Z... du Palais-Royal.

Voilà tout. Il n'était pas plus ému que s'il venait d'acheter une boîte de bonbons de trente francs.

Puis il tira de sa poche un petit portefeuille en cuir de Russie, prit dix-huit mille francs, et les déposa sur le bureau du marchand de chevaux avec un sentiment d'indifférence que le commun des mortels éprouve quand il achète quatre londrès pour un franc.

Moi qui n'ai ni cinq millions de fortune, ni dix millions de crédit, je restais tout stupéfait pendant que lui disait au marchand :

— Si un de ces jours vous avez une jolie jument anglaise, vous me le direz.

— Quel prix monsieur le marquis désire-t-il payer?

— Oh! pas cher! je veux un cheval dans les douze ou quatorze mille francs!

Nous remontâmes dans le coupé et nous partîmes pour le Bois.

1.

— Enfin! me dit le marquis, la petite Z... sera contente! c'est d'ailleurs une bien aimable enfant!

Et il n'en fut plus question autrement; c'était pour moi toute une révélation : en une seconde j'avais compris l'utilité des conseils judiciaires, et j'avais saisi aussi le noble orgueil de deux mères de danseuses qui causaient dans un couloir de l'Opéra pendant une représentation du *Roi d'Yvetot*.

— C'est ma fille qui a ruiné des hommes! disait l'une.

Ce à quoi l'autre répondit avec une petite moue adorable :

— Madame, la mienne en a ruiné bien plus que la vôtre!

On a beaucoup trop crié contre la femme depuis quelque temps.

Le budget de la femme, même avec son luxe effréné, n'est que question secondaire dans la société contemporaine.

Pourquoi madame se priverait-elle d'une robe de six mille francs, quand monsieur joue cent mille francs à son cercle sur un coup de baccarat, ou un demi-million sur le jarret d'un cheval?

Il est probable que telle petite actrice ne dépenserait pas cent mille francs par an, s'il ne se trouvait pas une société anonyme de jeunes gens pour les lui offrir.

Je connais un baron des pays lointains qui a eu, à l'égard d'une jolie Parisienne, pour huit cent mille francs de bontés.

Après quoi il partit.

Voilà un an que le baron a passé la frontière.

Mais, tous les matins, la petite personne reçoit une dépêche ainsi conçue :

MADEMOISELLE X.

PARIS.

Comment va mon petit lapin bleu aujourd'hui ?
Réponse payée.

LE BARON Z.

Coût de la dépêche, aller et venir... quatre-vingts francs.

Depuis trois cent soixante-cinq jours que cela dure...

Faites le compte vous-même.

Vingt-neuf mille deux cents francs de dépêches télégraphiques pour avoir des nouvelles du petit lapin bleu !

Si le baron se fait jamais six mille livre de rente

en élevant ces petits animaux-là, je serai fort étonné.

Le petit lapin bleu est-il coupable?

Doit-il restituer les huit cent mille francs à la famille de l'étranger?

Allons donc!

Est-ce que le télégraphe rembourse les vingt-neuf mille deux cents francs?

L'époque est à la dissipation.

La jeunesse de notre temps marche vers un décavage général.

Les conseils judiciaires de France ne suffisent plus à la besogne.

Bientôt on sera forcé d'en faire venir de l'étranger.

Quand on a un million, on le dépense.

Quand on ne l'a pas, on le dépense encore.

Il viendra un temps où l'on montrera au Musée d'histoire naturelle un jeune homme fossile qui ne s'est pas ruiné.

Mais on ne croira pas que ce soit arrivé.

Au prix où sont les petits lapins bleus, un père qui ne peut donner à son enfant que trois chevaux et cinquante louis d'argent de poche par mois, ferait bien mieux de se priver d'un rejeton qui cause de papa avec les actrices sensibles et les fausses comtesses.

Le tribunal de police correctionnelle se charge de temps en temps de nous éclairer sur le budget d'un bon jeune homme qui, il est vrai, renferme en même temps le budget d'une mauvaise jeune fille.

Un papa très-bien de mes amis me disait, l'autre jour, en parlant de son fils :

— Je suis bien content d'Adolphe... dans le dernier trimestre il n'a fait que soixante mille francs de dettes... Décidément mon garçon se range.

Nous avons deux ou trois cents Adolphe aussi rangés, depuis le faubourg Montmartre jusqu'à la Madeleine, et c'est ce qui vous explique comment l'institution des conseils judiciaires a pu prendre une aussi large place dans la société contemporaine.

C'est que papa, qui a travaillé toute sa vie, se lasse parfois de voir la mauvaise jeune fille de son bon jeune homme jouer le maximum à Hombourg, ou dévaliser les magasins de bijouterie de la rue de la Paix.

Je connais des jeunes gens qui ont dû jusqu'à trois cent mille francs à leur joaillier.

Et c'est encore là le moindre danger.

L'excellent père d'un tel fils doit, ma foi, s'estimer heureux si le bon jeune homme renonce à introduire dans sa famille un enfant dont le vrai papa joue les troisièmes rôles au boulevard, quand il ne dit pas des chansonnettes dans les cafés-concerts.

Évidemment quand on ne remue pas les millions à la pelle, on ne peut se donner le luxe d'un fils convenable, à moins de destiner au moins deux de ses filles à la carrière de chanteuses de café-concert.

Quand elles ont seulement le talent et le succès de Thérésa, elles gagnent deux cent mille francs par an, qui, ajoutés à la pension de papa, permettent à leur frère mineur de fréquenter la bonne société, en la personne d'une femme qui se dit rentière au tribunal, parce qu'elle a les rentes des autres.

Avouons que la position de père de famille devient à peu près inabordable pour le commun des mortels.

Seuls, les gros financiers de ce temps et les princes étrangers ont encore les moyens d'entretenir convenablement sur le pavé de Paris un vrai fils avec une raie dans le dos, un gilet en cœur, une fleur à la boutonnière, et qui fréquente la société des petits lapins bleus.

Lorsque le petit lapin bleu a pris sa nourriture, il faut songer à l'entretien de la Dame de Pique, et cette petite personne est aussi une rude mangeuse d'argent.

Elle croquerait au besoin en un quart d'heure tous les millions de la Banque de France.

Le luxe effréné des femmes !

Où est-il ?

Je demande à le voir.

L'homme qui fait chaque soir des différences de cinquante mille francs à son cercle peut bien par-ci par-là acheter un chapeau à sa femme légitime.

Écoutez un cocodès en vogue :

— Mon cher, disait hier, devant moi, un de ces messieurs à un ami, mon cher, j'ait fait une bêtise hier.

— Laquelle ?

— J'avais gagné soixante-dix mille francs au *bac*...

— Et vous les avez reperdus ?

— Précisément.

— Malheureux !

— Que voulez-vous... je me sentais en veine... je voulais une bonne fois gagner une somme *importante*.

Soixante-dix mille francs !

Ce n'est pas important.

Un jour de bonne humeur, le jeune crétin collera pour soixante-dix mille francs de timbres-poste sur la lettre au petit lapin bleu.

Il faut bien rire un peu.

Quel est le résultat?

La ruine? C'est le moindre danger.

La honte alors? Elle ne nous étonne plus!

Un pouff à la Bourse... une portée au baccarat... un coup de pistolet.

Choisissez entre les trois dénoûments.

J'en connais qui emploient un quatrième moyen pour corriger la fortune.

Ils empruntent les diamants d'une femme en vogue et ne les rendent pas souvent.

Autre histoire :

L'année dernière, au chemin de fer, le jeune vicomte de G... rencontre une petite fille.

— Où vas-tu, mon enfant?

— Je vais danser à Asnières.

— Aimes-tu la pêche à la ligne?

— Pourquoi faire?

— Pour prendre des petits poissons dans la rivière qui traverse ma propriété.

Deux jours après, la jeune personne dit :

— Il faut que je retourne à Paris.

— Pourquoi, mon petit chien vert?

— Pour changer de linge.

— Ne te dérange pas! je vais te faire acheter six chemises à Paris.

A la fin de la semaine on envoya chercher deux jupons et une robe de chambre.

Puis le jeune homme donna successivement au petit chien vert :

Six paires de bas,

Un bracelet,

Trois paires de bottines,

Quatre chevaux,

Une fausse natte,

Une parure de trente mille francs,

Une crinoline,

Une maison de campagne,

Deux chats et un perroquet,

Soixante actions du Crédit mobilier,

Un corset,

Un hôtel dans la rue de Milan,

Un hamac,

Une rente viagère de quarante mille francs.

Et pourtant...

Si le jour où il rencontra la petite au chemin de fer, le vicomte eût dit à la demoiselle :

— Mon enfant, je veux faire ton bonheur. Choisis ! ne recule devant aucune extravagance de ta jeune fantaisie. Parle ! demande le luxe le plus effréné !

La petite eût répondu :

— Je mangerais volontiers une matelote de carpes et d'anguilles.

Autrefois les femmes vous disaient à Mabille :

— Donne-moi cinquante sous pour prendre une voiture !

Aujourd'hui elles s'expriment ainsi :

— Dis donc, mon petit... as-tu dix louis sur toi?... j'ai oublié mon porte-monnaie.

D'où vient cette augmentation?

Jamais les petites maquillées n'auraient songé à ce luxe effréné si elles n'avaient pas rencontré un premier crétin plus effréné encore pour les y habituer.

La femme est-elle coupable?

Sur mon âme et conscience, je réponds négativement à cette question.

D'ailleurs, gardons-nous bien de dire du mal des petits lapins bleus.

Nous sommes tous plus ou moins destinés à louer dans les environs de Paris le chalet d'une cocotte retirée des affaires.

Ne nous brouillons pas avec nos propriétaires de l'avenir !

II

ON DANSE CHEZ CES DAMES

Avant de parler de ce chapitre brûlant, il est bon de parodier un passage du *Demi-Monde* de maître Dumas fils :

Depuis quelque temps une transformation s'est opérée dans les mœurs du théâtre, qui a dû créer une société nouvelle. Toutes ces grues, compromises, répudiées, que deviennent-elles? La première a été cacher sa honte et pleurer sa faute dans un petit appartement de la rue des Martyrs; mais la seconde s'est mise à la recherche de la première, et quand elles ont été deux elles ont fait *une réussite* et appelé de l'Art ce qui n'a aucun rapport avec le théâtre; elles ont commencé à s'excuser et à s'estimer l'une l'autre; quand elles ont été trois, elles se sont invitées à dîner; quand elles ont été quatre, elles ont organisé une contredanse.

Et je continue :

Quand elles ont été trente, les actrices ont résolu d'exclure de leurs bals toutes les femmes qui n'ont jamais montré leurs jambes sur aucun théâtre.

Mademoiselle Colombier a donné le signal, et plusieurs autres ont suivi son généreux exemple.

Il est donc bien établi que les femmes de théâtre s'isolent, et qu'une personne qui aspire à l'honneur d'être admise chez une actrice doit préalablement prouver qu'elle a tutoyé le garçon d'accessoires, et qu'elle a trompé de jeunes cavaliers bien élevés avec un troisième comique des Batignolles.

Dans le nombre des actrices, il est quelques joyeuses filles qui ont du talent et mènent la vie d'artiste comme elles l'entendent; que celles-là ne veuillent pas être confondues avec le premier huit-ressorts venu, je le comprends volontiers.

Mais les autres !

Suffit-il donc de chanter un rondeau aux Folies-Marigny pour se refaire une vertu ?

La seule différence que je pourrais trouver entre certaines actrices et les petites dames, c'est que celles-ci sont souvent beaucoup plus intelligentes et infiniment plus gracieuses que les trois quarts des prétentieuses grues qui, sous prétexte d'art dramatique, dépouillent leur courrier chez les concierges des théâtres.

Mais si l'on n'arrêtait pas à temps la sotte vanité des fausses actrices, elles finiraient par se prendre au sérieux et par réclamer les prix Montyon.

Plusieurs d'entre elles songent déjà à allier leurs nombreux enfants aux meilleures maisons du faubourg Saint-Germain.

Après cette courte préface, entrons chez ces dames !

Quand vient le mois de janvier, on accorde les violons aux quatre coins de Paris. A l'Opéra-Comique, les ouvreuses apprennent l'anglais pour le bal *of Dramatic Artists*, sous la direction du baron Taylor Esquire.

Les actrices préparent leurs plus fins sourires... la grande lutte est ouverte.

Les nobles étrangers sont en émoi et pensent :

— Ah! si nous pouvions assister à ce bal... si nous pouvions contempler de près toutes ces femmes d'esprit dont les journaux enregistrent les mots !

Mais, Milords, vous le pouvez, cela ne coûte qu'un louis !

Pour un louis, vous verrez les plus répandues de nos actrices déguisées en dames patronnesses.

Pour un louis, vous verrez apparaître devant vos yeux éblouis Mesdemoiselles Y. et Z., vêtues convenablement, ce qu'on ne voit pas souvent au théâtre.

Pour un louis, vous les entendrez causer. Allez ! ces dames ont bien de l'*humour*.

La petite A., qui chante si faux, est une des femmes d'esprit de nos scènes de genre.

L'autre soir, chez un baron prussien, un Anglais, fraîchement débarqué, dit à l'étourdissante actrice :

— Mademoiselle, voulez-vous me faire l'honneur de danser la première valse avec moi ?

Et la spirituelle comédienne répondit :

— *Ous' qu'est mon fusil ? Tu peux te fouiller, mon bon !*

Nous avons dans nos théâtres une centaine de femmes de cette force.

C'est ce que nous appelons l'esprit parisien.

Rien de plus fin, de plus distingué : c'est fait pour charmer à la fois le public et les lettrés.

Quand une petite actrice donne un bal masqué, toutes ces dames du théâtre s'habillent généralement en grisettes.

Allez ! personne ne les reconnaît sous leur déguisement.

Mais je vois d'ici le naïf étonnement de ce prince russe qui aura été admis à cette charmante fête de famille.

Je le vois adossé contre la cheminée, contemplant avec émotion toutes ces délicieuses créatures, et murmurant :

— Quel touchant spectacle ! Enfin je vois donc les grisettes parisiennes dont mon père m'a tant parlé ! Quelle grâce ! quelle bonté ! quel dévouement ! Pauvres petites filles déshéritées ! Ah ! il vous faut une rude force pour résister à la tentation parisienne ! Nobles créatures du bon Dieu ! vous préférez les jeunes amours aux enchantements de l'or. Ce n'est pas vous qui vous vendriez à des vieillards dévergondés... il vous faut un cœur frais, une âme tendre... un rayon de soleil à déjeuner et un baiser à dîner... Chères anges de la jeunesse, amusez-vous un instant... dansez... voltigez !.. riez !... En quittant ce bal auquel vous a conviées une noble artiste, vous regagnerez votre humble mansarde, et la première lueur de la journée à venir vous trouvera à votre ouvrage. Ah ! que je voudrais être pauvre, misérable, pour être aimé de vous !

Voilà ce que dit le jeune étranger, et je crois, ma foi ! qu'il essuie une larme.

Puis, en contemplant de près ces bonnes petites

grisettes, il voit avec effroi que chacune d'elles porte pour cent mille francs de diamants sur sa gorge maquillée, et qu'elles demandent le dernier cours du Crédit mobilier à leurs cavaliers.

Tels sont les bals de grisettes à notre époque.

Mimi est morte de la poitrine, et ses sœurs ont succombé sous la honte.

Celles-là allaient à l'hôpital, et celles-ci vont au Bois.

Quand elles ont paradé toute la journée autour du lac, elles mettent le soir un petit bonnet.

Leur grande Chaumière est décorée par le premier tapissier de Paris, et le père Lahire de l'endroit a des mines d'argent dans les quatre coins du monde.

Nos jolies actrices affectionnent le costume de grisette qui refait une virginité à leur âme pour une soirée.

C'est toujours ça !

Elles s'étourdissent de leur folie, retrouvent quelques croyances, et se figurent qu'elles aiment leurs amants pour eux-mêmes.

Elles sont comme les petites dames, dont me parlait hier un libraire de mes amis :

— Le cœur de ces femmes-là est un abîme, me disait-il ; elles me demandent des livres indécents, et veulent être traitées comme des femmes du monde.

Le mot du libraire résume d'ailleurs la situation.

Ces demoiselles veulent à la fois être respectées comme les honnêtes femmes, et vivre comme les autres.

Une drôlesse reçoit sans murmurer des gifles dans l'intimité, pourvu qu'on ait des égards pour elle en public.

C'est qu'il reste au fond du cœur humain — même sous la fange et la boue — un certain besoin de considération qui ne disparaît jamais tout à fait.

Tenez, une actrice d'un minuscule théâtre me disait un jour :

— Ma femme de chambre me vole...

— Il faut la renvoyer.

— Elle fait des cancans sur moi dans le voisinage.

— Chassez-la !

— Et de plus elle a toujours deux ou trois turcos dans l'appartement.

— Pourquoi la gardez-vous donc?

— Je vais vous le dire... Elle est si bonne fille... Figurez-vous qu'elle ne m'a jamais tutoyée !

Un bal chez une personne qui occupe une position au Bois n'est pas d'ailleurs un mince événement à Paris; on en parle sur le boulevard comme d'un incident politique d'où dépend la paix de l'Europe. On demande :

— Eh bien! à quand ce bal?

Comme on dit à la Bourse :

— Eh bien! et les nouvelles du Mexique?

Quelle agitation, grand Dieu! Il faut vraiment que Paris ait oublié de s'émouvoir d'autre chose, pour qu'une simple sauterie dans un monde douteux puisse l'intriguer à ce point. Ces bals qui ont lieu dans les salons des célébrités à la mode, sont de suprêmes émotions pour un certain monde parisien, et il y a surtout une curieuse étude de mœurs à faire sur le monde où l'on remporte le souper faute de payement; chez les actrices, il arrive souvent que les chevaux de dix mille francs, dont il est question plus haut, sont mieux nourris que les invités. On a toujours trois francs pour de l'avoine, mais on n'a pas toujours cinquante louis pour le souper; alors il arrive, comme l'autre soir chez mademoiselle C., que le restaurateur refuse de livrer les perdreaux truffés, et que les invités doivent se contenter d'un simple verre de limonade.

Vers quatre heures du matin les convives étaient sur les dents. Aucune table ne se dressait dans les salons. L'aventure fit quelque bruit, et il arriva que les invités emmenèrent la maîtresse de la maison souper dans un cabaret à la mode et que la fête interrompue fut reprise au restaurant. Cet hiver, une autre aventure de ce genre a encore été signalée. Une jeune personne qui se dit veuve parce qu'elle a été plusieurs fois sur le point de se marier, avait invité pour le soir le dessus du panier du Paris galant.

Une heure avant qu'on allumât les bougies, un indiscret huissier se présenta et saisit non-seulement le mobilier, mais les diamants.

La position était impossible. Comment paraître chez soi sans ses diamants?

La jeune colombe se jeta aux genoux de l'huissier.

— Laissez-moi mes diamants pour ce soir! s'écria-t-elle.

— C'est impossible.

— Mais que faire alors?

L'huissier était jeune. Il pouvait au besoin passer pour un élégant cavalier.

— Voyons, dit-il, invitez-moi à votre soirée.

— Un huissier? Jamais!

— Alors j'emporte les diamants.

La situation était tendue.

— Je vous invite, dit l'actrice.

— Et vous ne me quitterez pas?

— Comment l'entendez vous?

— Je serai votre cavalier. Vous ne quitterez pas mon bras d'un seul instant. Après la fête vous me remettrez les bijoux saisis, dont je me constitue le gardien officiel.

Ainsi fut-il fait.

L'actrice put paraître avec tous ses diamants, et à ceux qui lui demandaient le nom de son cavalier elle répondait :

— C'est un prince russe.

L'huissier eut un succès énorme auprès de ces dames ! Ah ! si elles avaient su que le fameux gentilhomme moscovite signait toute la journée des papiers timbrés dont le coût varie de quatre francs à onze francs cinquante !

Parmi les reines des bals d'actrices il faut citer mademoiselle B...

Un jeune peintre de talent a reçu l'autre soir, à un bal masqué, la déclaration de cette charmante actrice, accompagnée d'une invitation à déjeuner pour le lendemain.

Comment refuser ?

Le peintre, qui ne tenait pas du tout à déjeuner avec la belle enfant, chercha une excuse.

Il finit par en trouver une d'occasion.

Le lendemain il envoya à l'actrice la lettre qu'on va lire :

« Impossible de déjeuner avec vous.

« Tout à l'heure, chez moi, une créature aimée est morte dans mes bras.

« Pauvre créature moissonnée à la fleur de l'âge !

« Elle est là, immobile... elle semble sourire...

« Et la science n'a pu la sauver !

« Plaignez-moi ! plaignez-moi !

« Nous autres hommes, quels misérables nous sommes ! Pourquoi faut-il que ce soit en face d'une morte que nous comprenions l'étendue de notre amour pour la vivante...

« Plaignez-la, plaignez-moi !

« A... »

Vous voyez le coup de théâtre d'ici !

On sonne... Un commissionnaire entre... La belle décachète la lettre... un cri... la moitié d'un évanouissement, puis :

— Félicie ! mon chapeau et une voiture !

Une demi-heure après, on frappe à la porte de l'atelier.

Le peintre ouvre...

L'actrice se jette en sanglotant dans ses bras.... Tableau !

— Malheureux ami ! murmure enfin l'actrice,

comme vous devez souffrir!... Montrez-moi le cadavre, nous pleurerons ensemble !

— Le cadavre ? le voici ! dit le peintre.

Et il montra à l'enfant étonnée une superbe dinde truffée.

L'affaire n'a pas eu d'autres suites.

III

CONFÉRENCE PARISIENNE PAR MOLIÈRE

— Monsieur, me dit mon domestique, il y a dans l'antichambre un homme qui désire vous parler.

— A-t-il dit son nom ?

— Il s'appelle Jean Poquelin de Molière.

— Faites entrer.

— Je vous prie de m'excuser si je vous dérange, dit l'homme de cœur et d'esprit, après avoir pris place au coin de la cheminée, mais je pense que vous voudrez bien m'accorder quelques minutes de votre temps précieux, comme disent les gens qui demandent des réclames. Je me suis décidé à faire ma petite tournée sur terre ; d'ailleurs, là-haut, la vie n'est plus possible depuis que les spirites sont à l'œuvre. A tout instant, les frères Davenport, Home,

Henry Delaage ou Victorien Sardou nous ordonnent de venir causer avec eux. Quand Henry Delaage, le grand spirite, a besoin d'un renseignement sur Léonide Leblanc ou Markowsky, il s'adresse de préférence à moi ; c'est excessivement désagréable, et j'ai résolu de me soustraire à tous ces ennuis par la fuite. Me voici, causons.

— Quel honneur pour moi, ô immortel auteur !

— Laissez les phrases aux imbéciles, dit Molière ; c'est entendu, je suis un incomparable génie, n'en parlons plus.

LE BANQUET DE MOLIÈRE.

— Vous n'ignorez certes pas, monsieur, continua l'auteur de *Tartufe*, que chaque année quelques auteurs et comédiens se réunissent chez Véfour, sous la présidence du baron Taylor, pour manger quelques douzaines d'huîtres impériales en mon honneur.

— Oui ; coût six francs cinquante centimes.

— Avec le café et le petit verre ! C'est bien cela, cher monsieur ; je vous ferai grâce du menu ; il fait honneur aux ordonnateurs de cette petite fête de famille et témoigne de leur respect pour la saine littérature ; ce banquet annuel a eu lieu samedi dernier, et j'ai remarqué avec une surprise extrême l'absence de mon excellent confrère Laurent de la Porte-Saint-Martin, qui, l'année dernière, m'avait donné un premier témoignage de sa sympathie en étudiant le *Bourgeois gentilhomme.*

LE SUCCESSEUR DE MOLIÈRE.

— Pouvez-vous me donner quelques détails sur la petite fête?

— Tarare! monsieur, ne nous pressons pas, continua Poquelin, je vais tout vous raconter. Cependant, je mets une condition à mes indiscrétions.

— Laquelle?

— Vous ne direz pas que vous tenez tous ces détails de moi; je ne voudrais pas me brouiller avec M. Samson, qui est un excellent homme; sa décoration m'a fait le plus vif plaisir; il mérite la croix à tous égards; seulement je ne m'explique pas pourquoi M. Samson ne met pas le ruban rouge quand il assiste aux séances du comité des artistes dramatiques.

— Ce détail est fort piquant; continuez, je vous prie.

— A la fin du repas qui a eu lieu l'année dernière, le baron Taylor s'est levé et a porté ce toast : *A*

Samson, le DIGNE SUCCESSEUR DE MOLIÈRE! Que pensez-vous de cette facétie? Elle m'a fort diverti.

— C'est ce que nous appelons le pavé de l'ours.

— Laissez-moi vous dire la suite sous ce titre :

Les deux Isidore.

Isidore Taylor et Isidore Samson sont liés depuis leur plus tendre enfance. Aujourd'hui encore, l'ex-Isidore du Théâtre-Français et Isidore le baron sont deux inséparables amis. L'un s'est fait un nom en fondant les cinq sociétés artistiques, et l'autre est mon successeur. Quand ces deux hommes de bien se rencontrent.

— Bonjour, cher abbé de l'Épée, dit Isidore des Français!

— Je vous salue, successeur de Molière, répond Isidore le baron.

Autrefois cela se passait dans l'intimité, mais, depuis le dernier banquet de Molière, Isidore le baron a jeté le masque, et devant tout le monde il a présenté Isidore le comédien comme mon successeur. Ce dernier n'a pas protesté, au contraire. J'ai cru remarquer que le pavé d'Isidore le baron a été fort agréable à Isidore du Conservatoire, car, au moment où il sortait de chez Véfour, je l'entendis murmurer :

— Successeur de Molière ! mais alors il faut que j'aille voir S. M. Louis XIV, à Versailles.

L'IMPROMPTU DE VERSAILLES.

— Le lendemain, continua Poquelin, Isidore Samson, dédaignant le chemin de fer, monta dans un vieux carrosse. Arrivé à Versailles, il se dirigea vers le palais et demanda à être introduit auprès du roi Louis XIV. Le baron Isidore avait deviné les intentions d'Isidore mon successeur ; il s'était installé, dès huit heures du matin, au petit Trianon, et voici la relation de leur entretien que je compte mettre au théâtre.

Isidore Samson. — Sire, le devoir de la comédie étant de corriger les hommes en les divertissant, j'ai cru que, dans l'emploi où je me trouve, je n'avais rien de mieux à faire que d'attaquer par des peintures ridicules les vices de mon siècle.

Isidore Taylor. — Vous m'avez déjà écrit cela à propos de *Tartufe*.

Isidore Samson. — Sire, c'est une chose bien téméraire à moi que de venir importuner un grand monarque au milieu de ses plus glorieuses conquêtes, mais dans l'état où je me vois, où trouver, sire, une protection qu'au lieu où je la viens chercher?

Isidore Taylor. — Cher Molière, vous me l'avez déjà dit dans le second placet que vous m'avez présenté le 6 août 1667.

Isidore Samson. — Je le répète pour la *Famille Poisson*, que la Comédie française néglige.

Isidore Taylor. — Nous aviserons, mon cher Poquelin. En attendant, nous vous prions de vouloir bien nous donner une représentation de *la Belle-Mère et le Gendre*.

Isidore Samson. — Que de bontés, sire!

(*Il se retire en saluant profondément; après le départ d'Isidore Molière, Isidore Louis XIV reprend ses habits bourgeois et va déjeuner.*)

MEYERBEER.

— Hier, je suis allé voir *l'Africaine*, dit Molière. Ah! si Meyerbeer avait été aux répétitions, cela ne se serait pas passé ainsi... Il aurait supprimé bien des choses, entre autres le ténor Naudin, qu'il aurait remplacé par un vrai Auvergnat.

— Je le pense.

— On exécute aussi dans un établissement où

l'on danse une grande fantaisie sur *l'Africaine*. L'avez-vous entendue, monsieur? Moi, je les trouve horribles, ces pots-pourris, dans lesquels on jette pêle-mêle les différentes pages d'une partition, comme on met des petits pois, des haricots, des pommes de terre et des truffes dans une salade de légumes. Tout disparaît et se confond. Le duo du quatrième acte devient l'ouverture, et l'introduction passe à la fin. Ces sortes d'arrangements me font l'effet des cartes de restaurant où l'on trouve pour trente-deux sous quatre plats, un dessert et un potage, également mauvais. Il en est de même dans les concerts où l'on résume un opéra qui a coûté vingt ans de travail à son auteur, en quelques coups d'archet. *L'Africaine* n'a pas moins de succès rue Cadet qu'à l'Opéra : seulement rue Le Peletier nous avons l'œuvre, et rue Cadet des lambeaux de musique qui ressemblent à ces cartes d'échantillons sur lesquelles les commis voyageurs collent des petits bouts de toutes les étoffes qu'on trouve dans les magasins de leur patron. A l'orchestre de M. Arban viennent se joindre quelques douzaines d'orphéonistes qui chantent les principaux chœurs de *l'Africaine*, tandis que les femmes de la galerie appellent le garçon en frappant sur des chopes et que les pistolets de salon font un agaçant tapage au fond de la salle. Du Meyerbeer et de la limonade, des coups de carabine et la ritournelle à l'unisson, tout cela se confond et fusionne. J'aime à entendre une grande musique dans une grande salle où deux mille spectateurs se réunissent dans l'intention de savourer un chef-d'œuvre ; mais l'illusion disparaît, les sensations s'éclipsent quand, au milieu d'un morceau remarquable, une vilaine femme dit à sa camarade :

— Auguste n'est pas venu ce soir... C'est que son patron l'aura forcé de travailler jusqu'à minuit. — Auguste est peut-être un charmant garçon, mais son nom me froisse à côté de celui de Meyerbeer, et la musique de cet homme de génie ne souffre pas qu'on y mêle les accents enroués de ces demoiselles.

— Pauvre Meyerbeer !

— Je ne dirai rien de tout cela à cet excellent ami, fit Poquelin, on a été assez injuste envers lui ; on a cherché à l'étouffer avec la gloire de Rossini. Laissez-moi vous conter l'histoire de

L'ARMOIRE DE ROSSINI.

— Je vous écoute.

— Nous autres, dit Jean Poquelin, nous autres qui habitons loin de la terre, nous jugeons les hommes et les choses avec une grande impartialité. Ne parlons pas de la valeur artistique, parlons des hommes.

Rossini, c'est la paresse, la béatitude du génie ; chez lui, en robe de chambre, il reçoit les convives en habit noir et les femmes en toilette de bal, qui viennent se prosterner devant ses pantoufles. Il y a dans un coin de son salon une armoire ; quand les invités passent devant ce meuble, ils s'inclinent comme devant un maître-autel.

Meyerbeer, lui, c'était l'incarnation de l'artiste ; d'une nature fiévreuse et emportée, on le voyait errer dans les coins isolés de Paris ; les traits flétris de son visage vous disaient assez sa vie : les nuits passées dans l'insomnie, l'éternelle recherche de l'inconnu, la soif ardente de la renommée et l'incessante fièvre du créateur qui ne l'a quitté qu'au moment suprême !

Tandis qu'il travaillait et luttait, l'autre se reposait dans une douce paresse. Celui-ci s'étale majestueusement en marbre sur un piédestal, sous le péristyle de l'Opéra ; l'autre passait devant cette statue, courbé par l'inquiétude du lendemain, brisé par le travail de la veille, et tout autour de lui il entendait dire :

— Meyerbeer a du génie, mais si Rossini voulait ouvrir son armoire, nous en verrions bien d'autres !

L'armoire de Rossini a empoisonné la vie de Meyerbeer. Il faudrait savoir à la fin s'il y a dans la fameuse armoire autre chose que du macaroni.

Molière loué par Banville.

— Diantre! s'écria Poquelin, dites-moi ce que c'est au juste que ce Banville qui se fourre constamment dans mes pantoufles; je ne connais point ce garçon.

— Mon Dieu! cher Poquelin, vous me voyez bien embarrassé. Il ne me reste plus rien à dire sur Banville, et je ne voudrais pas avoir l'air de m'acharner contre lui; c'est un poëte dont on peut dire comme de mademoiselle Leininger que la forme est parfaite et que le fond est détestable. Passons, je vous prie...

— Soit! mais cependant vous permettrez une observation à un pauvre vieillard âgé de deux cent vingt-quatre ans; les *Fourberies de Nérine* ont été découpées dans les *Fourberies de Scapin*, et, si ce poëte s'amuse à refaire tout mon répertoire, nous aurons un jour le banquet Banville comme nous avons aujourd'hui le banquet Molière; je ne puis plus faire un pas sans trouver ce garçon dans mes jambes; un soir, à l'Odéon, on a lu l'Éloge de

Molière, par M. Banville. Ne voit-il donc pas que je n'ai que faire de ses compliments, et que, en dehors du baron Taylor, nul ne peut me dire des flatteries sans se rendre ridicule. Croyez-moi, monsieur, quand un auteur a été joué chez Louis XIV et chez M. Déjazet, sa renommée prend des proportions telles que les louanges de Banville deviennent téméraires pour le moins. Que dirait-on d'un tambour de la garde nationale qui se permettrait de faire l'éloge de César?

Un racontar de Molière.

— Je vois avec plaisir, poursuivit l'excellent Poquelin, que les comédiennes continuent leurs escapades, et, avant de prendre congé de vous, je vais vous raconter une anecdote fort piquante. Vous connaissez la blonde Anna B... qui a été aux Délassements-Comiques?

— Oui.

— Elle a fait la semaine dernière une petite farce adorable. Cette aimable personne s'était éprise d'un jeune cocodès avec lequel elle vivait depuis six mois dans une intimité qui ne laissait rien à désirer; ils étaient heureux et n'avaient point d'enfants quand, l'autre semaine, la petite B... s'aperçut que son amant la trompait.

Elle surprit une lettre dans laquelle une femme du monde donnait rendez-vous au cocodès dans un cabinet du restaurant Brébant.

Vers dix heures du soir, la femme du monde quittait le restaurant et ordonnait à son cocher de la conduire rue de Rivoli.

Le cocher prit le boulevard, les Champs-Élysées, les quais, le pont d'Iéna, et arriva au Champ de Mars avant que la dame, tout entière aux rêves de bonheur, ne se fût aperçue du détour qu'on lui faisait faire.

Le Champ de Mars était désert, la voiture s'arrêta.

Le cocher quitta son siège et ouvrit la portière.

La femme du monde descendit.

Elle ne fut pas plutôt sortie de la voiture qu'elle reçut aussitôt ce que nous appelons là-haut *une bonne raclée*.

Le cocher tapait dru et criait :

— Ah ! tu veux me prendre mon Alfred ! Et d'zing ! et v'lan !

Soufflets, coups de poing et coups de fouet !

Puis le faux cocher, qui n'était autre que la petite Anna B..., vêtue d'un vieux carrick et d'un chapeau crasseux, remonta sur le siège, fouetta ses chevaux et alla rejoindre Alfred.

On n'a jamais revu la femme du monde.

IV

PARIS DÉGUISÉ

I. — LE BAL DE L'OPÉRA.

Pour être tout à fait dans l'actualité, il me faudrait mettre un faux nez et un costume de carnaval pour conduire le lecteur au bal masqué, où les habits noirs et les dominos en soie se bousculent, se heurtent et s'insultent; mais pourquoi parler encore de ces bals où des danseurs sont enrégimentés pour amuser le « monsieur en habit noir ? »

La dernière illusion disparaît quand, la veille du premier bal, on pénètre dans le petit bureau de location de la rue Drouot et où l'on rencontre en tenue de ville toutes ces dames vieilles et jeunes à qui l'on accorde des entrées de faveur.

C'est là qu'il faut conduire le lecteur.

Voyez cette grande personne desséchée qui salue l'administrateur. Voilà quinze ans qu'elle crie dans les couloirs : *Oh! ce nez!* absolument comme un pensionnaire du Théâtre-Français dans la pièce des frères Goncourt.

Vous souvient-il, lecteur de province, d'avoir vu au foyer, quand vous faisiez votre droit à Paris, cette pierrette déhanchée qui vous amusait tant? C'est elle; cette année elle continue le commerce des années précédentes... Un peu de rouge sur le teint livide... de l'encre de Chine autour des yeux éteints... Passez, mademoiselle!

Et quelle est cette petite fille que vous nous présentez là?

Une petite innocente qui a fait ses premières armes au casino Cadet et qui désire se lancer à l'Opéra.

Entrez, mademoiselle! Demain vous serez célèbre, et quand, pendant quinze ans, vous aurez fait ouvrir des huîtres dans tous les cabinets particuliers, vous nous amènerez à votre tour une génération nouvelle pour distraire ceux qui sont encore des bébés aujourd'hui.

Il faut absolument passer par ce petit bureau avant d'entrer gratis à l'Opéra. On refuse les unes, on agrée les autres. On n'est pas bien exigeant ; tous les chats sont gris la nuit, et toutes les femmes sont belles au bal masqué.

Quant aux danseurs, vous savez ce qu'ils valent.

Des garçons perruquiers, des petits commis, des gens sans profession avouable... Voilà pour la gaieté du côté des hommes.

Cette gaieté est bien triste, allez! et, à mon avis, l'entrepreneur seul s'amuse réellement.

Gavarni, qui est un grand artiste et un grand penseur, nous a montré les masques de son temps; ils avaient de l'esprit, de la gaieté, de l'entrain, de l'originalité ; les faux masques d'aujourd'hui vivent sur la réputation de la génération passée. Chicard, qui était un inspiré, un halluciné de la danse parisienne, a été remplacé par Clodoche qui est un spéculateur.

Le premier avait une vocation et dansait pour l'amour de l'art; Clodoche, lui, a appris l'anglais; il sait que *time is money* et qu'un homme de notre temps ne doit pas dépenser inutilement ses forces et son talent.

Clodoche a un tarif, il donne des représentations aux avant-scènes, le tout est d'y mettre le prix. Ses jambes sont cotées comme les valeurs étrangères. Il travaille en gros et en détail : un cavalier seul, c'est un louis; un quadrille complet, trois louis; si vous voulez le voir danser sur la tête et tomber sur le nez, il faut ajouter dix francs.

Voilà la gaieté parisienne en 1866. Les étrangers seuls s'y trompent encore.

Nous autres qui connaissons le dessous des cartes, nous savons ce que valent les masques de l'Opéra, et à l'heure où les Allemands, les Russes et les Anglais s'acheminent vers la rue Le Peletier, nous rentrons mélancoliquement chez nous, nous soufflons notre bougie, et dans nos rêves nous voyons reparaître une société trépassée, où la grisette économisait sur la semaine de quoi acheter un chiffon pour le bal, et où le jeune homme vendait sa montre et sa guitare pour s'étourdir pendant une nuit.

En ce temps-là, on jetait sa jeunesse et son insouciance par-dessus les moulins, et le premier venu les ramassait. Aujourd'hui, la jeunesse est marquée en chiffres connus comme les redingotes, et l'on vend la gaieté à prix fixe comme les mouchoirs.

Il fut un temps — ce sont les anciens qui parlent — où la fine fleur de la jeunesse française dansait la tulipe orageuse. Après les gentilshommes, qui faisaient des folies, sont venus les étudiants qui faisaient la noce; ensuite les magasins de nouveautés ont fourni les plus célèbres danseurs.

Aujourd'hui qui est-ce qui danse à l'Opéra? Je n'en sais rien; mais ce que je sais, c'est que je ne connais rien de plus navrant que cette fausse gaieté qui tend la main aux gandins des loges et leur dit :

— Donnez-moi, s'il vous plaît, quarante sous pour manger *une douzaine* rue Montorgueil.

Et puis, puisque nous sommes en train de causer des bals, ne serait-il pas d'utilité publique de démolir un vieillard démodé qui porte un nom célèbre dans les fastes du cancan, qui traîne ses cheveux gris et ses yeux éteints dans tous les bastringues, qui, l'été au Château-des-fleurs et l'hiver à l'Opéra, passe comme le spectre de la gaieté parisienne, s'élance dans les quadrilles et fait voltiger en l'air ses vieilles jambes?

Quel atroce spectacle !

On a bien défendu à la vieille madame Saqui de monter sur la corde roide !

Il a dû être superbe autrefois, ce bal de l'Opéra, dans le temps où il y avait une jeunesse qui s'amusait.

Mais de nos jours...

Allons donc !

A dix-huit ans, on place sa gaieté sur le Mobilier, fin courant.

Si l'on est chauve à vingt ans, on peut être sûr de faire son chemin.

Soyez ennuyeux, bête, stupide, tâchez d'être un parfait crétin, un être nul, et l'avenir se dessine pour vous sous les plus riantes couleurs.

Mais, au nom du ciel! ne soyez pas gai, ou vous êtes perdu.

Si Daumier n'avait pas dessiné les adorables charges que vous savez, les amateurs s'arracheraient ses tableaux au poids de l'or.

Si Paul de Kock n'avait pas fait les désopilantes études parisiennes que vous avez tous lues, il serait chevalier de la Légion d'honneur depuis vingt ans!

II. — LE CASINO CADET.

On connaît cet établissement mixte, danse et musique *panachées;* quatre jours par semaine sont réservés à l'audition des morceaux en vogue, et les trois autres jours sont consacrés au quadrille.

Les salons du Casino-Cadet sont d'une élégance relative et les murs sont ornés des portraits de quelques femmes célèbres. Je n'ai jamais compris par suite de quelle ingénieuse combinaison on a placé les portraits de Rachel et de madame Émile de Girardin Ire dans un salon où des commis voyageurs font vis-à-vis à des petites dames qui, je vous prie de le croire, ne tiennent aucune place dans le monde des lettres et des arts ; mais à Paris on aime à mêler de grands noms à de petites choses; on donne le nom d'un écrivain connu à un nouveau vin de Champagne, le sobriquet d'un comédien à une eau-de-vie quelconque, et le nom vénéré d'un peintre célèbre à un simple cirage.

Tenez, en flânant dans les rues de Paris, vous apercevrez par-ci par-là une affiche colossale qui vous montre tous les souverains, depuis Charlemagne jusqu'à Napoléon, réunis sur un même tableau. A première vue, vous vous figurez qu'il s'agit d'un ouvrage historique que l'éditeur met ainsi en évidence sur les murs de Paris. Point. En y regardant de plus près, vous remarquerez que toutes ces têtes couronnées servent de réclames à un marchand de paletots, et l'on cherche en vain quel rapport il peut y avoir entre saint Louis et une redingote à quarante francs, ou entre François Ier et un gilet au rabais.

Il en est de même au Casino-Cadet, que l'architecte a orné d'illustres portraits.

En flânant dans les salons, on entend des entretiens curieux.

— Tiens ! voilà madame de Sévigné, dit une fille de portière en rupture de banc à la demoiselle d'un concierge ; qu'est-ce que c'est que ça ?

— Connais pas ! répond la demoiselle du concierge.

— Faut pourtant que ça ait été une *fameuse* pour qu'on *colle* son portrait sur les murs.

En ce moment passe un commis voyageur.

— Tiens, Oscar ! s'écrie la fille de la portière, tu vas nous dire cela.

— Quoi, mes enfants ?

— Connais-tu madame de Sévigné ?

— Parfaitement, répond le farceur. Quand j'avais dix-huit ans je dînais souvent avec elle à la campagne.

— *Vrai de vrai ?*

— Parole d'honneur !

— Mais quel âge peut-elle avoir maintenant ?

— C'est une personne de cinquante ans, fort bien conservée d'ailleurs.

— Elle ne vient plus dans les bals ?

— Jamais, chère enfant, depuis qu'elle est mariée.

— Dis donc, Oscar, elle est mariée pour *tout de bon ?*

— Certainement, chère petite ; elle a épousé un marchand de vins de Bercy.

— Je comprends ; son mari est jaloux.

— Précisément.

— Et il l'empêche d'aller au bal !

— Vous l'avez dit.

— Quel monstre !

— Que voulez-vous ! s'écrie le commis voyageur et farceur en se frisant les moustaches, tous les marchands de vins sont ainsi faits.

En ce moment retentit le prélude d'un quadrille.

— Veux-tu danser avec moi, Oscar? dit la fille de portière.

— Volontiers.

— Tu me mèneras souper ensuite?

— Oui.

— Où?

— Je t'offre à souper pour trente-cinq sous au café voisin.

— Cher Oscar, tu as toujours été généreux.

Voilà l'établissement et voilà la population... un singulier mélange de faux viveurs et de fausses viveuses. Ajoutez à cela quelques écrivains et artistes, et beaucoup d'étrangers, et vous aurez un tableau exact du monde qui fréquente le Casino-Cadet.

A partir du premier janvier, ce singulier établissement devient une succursale de l'Opéra, et l'on y voit paraître des masques qu'on refuserait au contrôle de la rue Lepeletier.

Le hasard qui fait si bien les choses a voulu que

le Casino-Cadet fût construit à côté du Grand-Orient, où se réunissent MM. les francs-maçons.

Or, l'année dernière, un franc-maçon étranger, qui venait d'arriver à huit heures, ne sachant que faire de sa soirée, résolut de la passer au Grand-Orient.

Il demande son chemin au faubourg Montmartre.

— Prenez à gauche, lui dit-on.

Le voilà rue Cadet.

— Le Grand-Orient, s'il vous plaît?

— Plus loin!

— Merci, monsieur, dit l'étranger.

— Si vous voulez le permettre, je vais vous conduire.

— Vous allez de mon côté?

— Mieux que ça... je vais avec vous.

— Monsieur serait..?

— Parfaitement!

Ici le Parisien serra la main de l'étranger à la façon des francs-maçons.

Jugez de la joie de l'étranger.

— C'est encore loin? demanda-t-il après avoir échangé quelques compliments avec son guide.

— A deux pas.

On arriva enfin devant le Casino-Cadet.

— Donnez-vous la peine d'entrer, dit le Parisien.

— Comment, c'est ici?
— Oui, monsieur.
— Mais, cette musique...
— Vous ne comprenez pas?
— Pas tout à fait.
— Le Grand-Orient donne son bal annuel ce soir.
— Mais je ne suis pas en habit.
— Tiens, c'est vrai, dit le Parisien qui venait d'une soirée et portait par hasard une cravate blanche, mais il y a un moyen de tout arranger.
— Dites.
— Sachez donc que c'est un bal masqué.
— Un bal masqué chez les francs-maçons?
— Oui... une fois par an pour nos familles; venez dans la boutique à côté, vous choisirez un costume.
— Vous êtes vraiment trop bon.

L'étranger se rend chez le loueur de costumes et sort bientôt déguisé en mousquetaire.

— Entrons, dit son guide.

Les voilà tous deux dans la salle.

Sur un signe du comédien — car il est temps de dire que le guide de l'étranger était un acteur connu — plusieurs masques approchent, entourent le franc-maçon égaré et l'entraînent dans le tourbillon de la danse française.

Et voilà le représentant d'une honorable maison

de commerce qui figure en tenue de mousquetaire dans un quadrille composé d'un monde plus que douteux.

Ces dames se livraient à une danse tellement excentrique que le franc-maçon étranger commençait enfin à croire qu'on l'avait mystifié.

Il n'était pas loin de la vérité.

Son guide l'avait planté là et s'était adroitement esquivé.

Tout à coup on entendit un cri.

Un homme jeune encore perce la foule, s'avance vers le mousquetaire et lui dit :

— Que vois-je! vous ici?

Celui qui parlait ainsi était le correspondant parisien du franc-maçon fourvoyé au Casino-Cadet, et qui, de son côté, ne dédaignait pas de folâtrer à l'occasion.

Il avait passé rue Cadet... il était entré un instant au bal, et là il trouvait qui? l'honorable négociant qui lui écrivait trois fois par semaine : *Agréez, je vous prie, l'assurance de ma considération distinguée.*

Le correspondant parisien eut quelque peine à arracher le respectable mousquetaire du cercle de débardeurs qui l'entourait... il y parvint cependant, s'empara de la victime du comédien et ramena à son hôtel le malheureux qui étouffait de rage et de honte.

Que ceci serve de leçon aux francs-maçons étrangers. S'ils veulent visiter le Grand-Orient, je les engage à ne se confier qu'à un cocher de fiacre.

Les cochers parisiens ont beaucoup de défauts, mais avec les étrangers ils ne se permettent d'autre plaisanterie que de compter vingt minutes de trop quand ils marchent à l'heure.

V

LES NOBLES ÉTRANGERS

I. — LE ROI D'ARAUCANIE.

Le premier souverain que j'eus l'honneur de voir de près fut l'empereur d'Allemagne de *la Juive*.

L'orchestre exécutait la marche entraînante que vous savez... Le peuple se pressait sur la place publique... les gamins grimpaient sur les fontaines... les archers écartaient la foule pour livrer passage au cortége impérial qui débouchait par une petite rue du fond... les cloches sonnaient à toute volée... les grands de l'empire caracolaient, et enfin l'empereur d'Allemagne apparut sur un cheval blanc magnifiquement caparaçonné, s'arrêta un instant devant l'antique cathédrale et s'inclina devant le bon Dieu, son seul maître !

Cela me donna une crâne idée des souverains.

Allez ! il y a bien loin de cet empereur d'Allemagne au souverain fantaisiste que j'ai rencontré un jour dans le cabinet du regretté Louis Huart.

Vers cinq heures du soir, j'aperçus dans ce cabinet un homme au teint bronzé et à la longue chevelure brune, qui attendait modestement l'arrivée du rédacteur en chef du *Charivari*.

Cet homme était tout simplement le fameux

ORLLIE-ANTOINE Ier

roi sans ouvrage d'Araucanie et de Patagonie, qui était venu sans couronne et sans sceptre réclamer la bienveillance de la rédaction pour ses *Mémoires* qui venaient de paraître.

On sait comment l'avoué de Périgueux devint roi d'Araucanie. Les détails se trouvent dans ses *Mémoires;* enfin d'avoué qu'il était, M. Antoine Ier est devenu roi de quelques Patagons.

Il faut vraiment avoir l'amour de l'art.

Mais lorsqu'on a été roi seulement pendant cinq minutes de sa vie, il est fort difficile de redevenir avoué. M. Orllie Ier, lui, parle de la Patagonie comme si elle avait appartenu à sa famille de père en fils ; il se prend au sérieux et n'a pas encore renoncé à l'espoir de remonter sur le trône où siége le père de tous les Patagons.

La figure du roi d'Araucanie, — flattons sa manie, — est expressive ; le portrait qui est en tête de ses *Mémoires* est assez ressemblant, mais si la royauté d'Araucanie est déjà peu faite pour inspirer un saint respect, que dire de ce roi grotesque qui porte son volume aux journaux et signe ses dédicaces : ORLLIE-ANTOINE I⁰ʳ ?

On ne voit pas souvent un roi colporter des livres dans les bureaux de rédaction. Aussi étais-je loin de me douter que j'avais l'honneur de me trouver en présence d'une tête couronnée. Le teint bruni et la longue chevelure d'Orllie I⁰ʳ lui donnaient un faux air de ténor italien qui désirerait débuter dans *le Trouvère* du maestro Verdi.

Plus tard le roi des Patagons disparut de la circulation parisienne pour se montrer au peuple de sa bonne ville de Périgueux.

Je demande mille pardons à Sa Majesté de mon extrême franchise, mais, parole d'honneur, je ne pensais plus à elle, quand le roi d'Araucanie est venu se rappeler à mon souvenir par une sorte de manifeste dans lequel l'ancien avoué de Périgueux réclamait de l'argent et des soldats pour reconquérir son trône araucanien.

Y a-t-il donc vraiment tant d'attraits pour un avoué à vivre au milieu des sauvages qui ont failli le manger tout cru? Assurément, il faut que la position de roi des Patagons offre bien des agréments qui échappent à mon intelligence, pour motiver un si noble entêtement à reprendre un trône perdu. Tandis que la reine Emma abandonne ses États et vient tranquillement vivre en France, cet extravagant Périgourdin ne songe qu'à retourner au milieu de ses courtisans sans vêtements.

Certes, il doit être doux de régner sur des Patagons qui, le 31 décembre, viennent exécuter des roulements de tambour sous les fenêtres du palais royal, mais d'un autre côté il doit être douloureux d'avoir pour sujets des hommes qui poussent l'amour de la liberté de la boucherie jusqu'à vouloir découper leur propre roi comme une entre-côte. Moi, pour ma part, j'hésiterais toujours à contribuer pour cent sous à ce supplice. S'il arrivait un malheur à Orllie 1er, je me reprocherais toute la vie de lui avoir fourni cinq francs pour se faire mettre à la broche, en Araucanie.

II. — UNE VISITE CHEZ LE GÉNÉRAL TOM POUCE.

Il nous est arrivé l'année dernière toute une famille d'ouistitis du meilleur monde ; le mâle répond au nom de Tom Pouce et occupe parmi les mammifères le rang de général.

Les deux femelles s'appellent mistress Straton et miss Minnie.

Un voyageur anglais qui a traversé les forêts de l'Amérique septentrionale a trouvé le nid et a apporté les trois ouistitis dans une cage à perroquet.

Mais au lieu de se diriger avec sa collection de mammifères vers le Jardin d'acclimatation, l'Anglais et sa suite sont descendus dans un riche appartement de l'hôtel du Louvre.

On n'était reçu que sur invitation.

On m'a fait entrer dans un superbe salon.

Devant la cheminée étaient rangés en bataille trois magots qu'on était en train d'épousseter et auxquels je ne fis guère attention.

Je me jetai dans un fauteuil et j'attendis en regardant le plafond.

Au bout de quelque temps quelque chose se mit à gratter le talon de ma botte.

— Enchanté de vous voir, dit en anglais une espèce de voix de casse-noisette.

Je me baissai et je vis grouiller à mes pieds un petit monstre.

C'était le général.

Comme figure, c'est M. Émile Solié, du *Siècle*, à l'âge de deux cent soixante-quinze ans.

La tête tient du potiron et la taille du melon.

La voix donne avec bonheur l'*ut* dièze du scieur de pierre.

Le tout était habillé à la dernière mode.

L'ouistiti me tendit une patte et me présenta aux deux femelles devant la cheminée.

Mistress Tom Pouce était en toilette de bal et couverte de diamants.

Miss Minnie rougit légèrement, comme il convient à une jeune personne bien élevée.

Et comme je leur jetais quelques noisettes, le gardien anglais arrêta mon bras et dit :

— Sir ! il est défendu de leur donner aucune nourriture.

En ce moment, il se fit un grand bruit à la porte.

Tom Pouce se dirigeait vers le vestibule, et je pus constater en ce moment que sa démarche possède la grâce d'une souris mécanique à cent sous.

— Qu'y a-t-il ? demanda le casse-noisette à l'huissier.

— Monsieur Paulin Limayrac, directeur du *Constitutionnel*, désire présenter ses respects au général.

L'ouistiti toisa du regard la petite taille du visiteur, et répondit :

— C'est impossible, les enfants n'entrent pas ici.

— Que la fête commence ! dit le cornac.

Aussitôt on introduisit Timothée Trimm, du *Petit Journal*, qui venait prendre des renseignements pour ses trois cent mille lecteurs, et qui demanda l'âge, le lieu de la naissance des ouistitis, ainsi que le nom de la forêt vierge où avaient été bénis les époux.

Quand Timothée Trimm eut terminé son interrogatoire, il dit en anglais :

— Général ! n'avez-vous rien oublié ?

— Non, monsieur le juge d'instruction ! fit l'ouistiti.

— Nous allons maintenant montrer le petit à l'honorable société, dit le gardien.

Et une immense anglaise parut, tenant dans ses bras une poupée qui est le chef d'œuvre de la mécanique, et dont on pourrait au besoin faire un superbe porte-allumettes.

La poupée dit papa et maman, remue les yeux et montre les dents.

L'ouistiti contempla son œuvre avec une joie féroce.

Le gardien dit quelques mots à l'oreille du mâle.

Celui-ci se pencha vers les femelles. Un triple cri de joie s'échappa des tabatières qui leur servent de poitrine.

Une seconde après, l'écuyer quadrumane se précipitait dans le salon.

Ce ne furent, pendant cinq minutes, que poignées de main, baisers, accolades.

Que voulez-vous? quand on ne s'est pas vu depuis longtemps, on est bien aise de se retrouver.

III. — LE CORRESPONDANT DU VICE-ROI D'ÉGYPTE.

Le vice-roi d'Égypte n'est pas seulement un aimable voyageur, mais un grand amateur de nouvelles fraîches.

On sait que Son Altesse entretient à Paris un certain nombre de correspondants particuliers chargés de lui donner au jour le jour des nouvelles de la Bourse, de la politique, des arts et des théâtres.

Une correspondance particulière pour le vice-roi rapporte mille francs par mois.

C'est un prix fait comme pour les petits pâtés.

Autrefois, la position de correspondant particulier était réservée à quelques aimables garçons dont plusieurs étaient fort répandus dans Paris, et qui, moyennant 33 fr. 33 c. par jour, tenaient Son Altesse au courant des faits et gestes de ce qu'on appelle tout Paris.

Mais, depuis quelque temps, la correspondance particulière pour le vice-roi devient épidémique.

Pour ma part, je connais déjà huit correspondants particuliers.

A douze mille francs la pièce, ça fait quatre-vingt-seize mille francs par an pour avoir des nouvelles que le vice-roi se procurerait moyennant trente-six francs en prenant un abonnement à un journal quotidien.

A ces huit correspondants il faut ajouter un neuvième que j'ai découvert hier.

Celui-là n'a jamais écrit une ligne dans un journal ; c'est un excellent garçon, qui, depuis sa récente nomination à l'emploi de correspondant particulier, s'est retiré des boulevards, vit à Chatou avec deux cent cinquante francs par mois, et place le reste à la Caisse d'épargne.

Voici six mois qu'il pêche à la ligne à Chatou, et, chaque jour, il adresse au vice-roi une lettre commençant ainsi :

« *J'apprends de source certaine,* » etc.

Ou bien encore :

« *Des personnages influents m'affirment,* » etc.

Coût, mille francs par mois.

La source certaine, c'est la Seine qu'il n'a pas quittée depuis le mois de mai.

Les personnages influents sont les goujons qu'il pêche à la ligne.

Le vice-roi, qui croit entretenir à Paris un correspondant répandu dans tous les ministères, chamarré de décorations, un de ces hommes enfin qui déjeunent à l'ambassade russe et dînent à l'ambassade anglaise, le vice-roi ne se doute point qu'il fait une pension de douze mille francs par an à un simple canotier de Chatou qui se promène sur le rivage en vareuse blanche, fume la pipe et crie de temps en temps :

— Ohé ! vous autres ! *ousqu'est* donc Nini ?

Quand le vice-roi d'Égypte est parti pour Constantinople, le correspondant politique de Son Altesse est entré dans un cabaret : *A la bonne friture*, a demandé tout ce qu'il faut pour écrire et a envoyé une correspondance commençant par ses mots :

« J'ai l'honneur d'informer Votre Altesse que son départ d'Alexandrie a été salué dans nos salons avec un sympathique enthousiasme. »

Puis, après avoir gagné ses 33 fr. 33 c. quotidiens, cet homme d'État est retourné à la Seine et a dit à ses amis :

— Et maintenant, mes enfants, au Château d'Asnières !

Le soir, il s'est distingué par un de ces cavaliers seuls qui conviennent si bien à un correspondant politique du vice-roi d'Égypte.

IV. — Les décorations étrangères.

Que d'hommes décorés, que de couleurs étincelantes !

Sur quatre promeneurs, trois fourrent n'importe quel ruban à leur boutonnière.

Le quatrième, comme dans la chanson de Malborough, ne porte rien.

M. Jules Cohen est un des hommes les plus décorés du boulevard ; tout dernièrement une nouvelle rosette est venue émailler sa boutonnière... le roi de Portugal a envoyé une croix au compositeur en échange d'une marche sur l'hymne national.

Car c'est la spécialité de M. Cohen.

Depuis les rives du Bosphore jusqu'au quai de Lisbonne tous les trombones répètent les refrains de ce jeune musicien.

Les soldats turcs et les soldats portugais emboîtent le pas aux sons de la musique de M. Cohen.

Autant de marches, autant de décorations.

Oh ! ces musiciens ! comme j'envie leur sort... surtout quand ils ont des rentes.

La gloire vient à eux, et les souverains leur envoient des rubans comme nous envoyons à nos connaissances une livre de chocolat praliné.

Quand je rencontre M. Jules Cohen, mon cœur palpite d'émotion et de bonheur, et je me dis :

Enfin, voilà un garçon heureux !

Ah ! si j'avais à recommencer ma vie, s'il m'était permis de changer de carrière, savez-vous ce que je ferais ?

J'ouvrirais sur le boulevard un magasin où les armées étrangères trouveraient des marches militaires au rabais.

Plus de procès, plus de désagréments ! des décorations à toutes les boutonnières, à gauche et même à droite, sur tous mes habits, tous mes paletots, toutes mes redingotes.

Je porterais même des gilets de flanelle pour avoir quelques boutonnières de supplément.

. . . .

Il est des gens qui chassent la décoration étrangère avec une adresse incroyable.

L'été dernier, j'ai rencontré à Wiesbaden un

homme jouissant de six mille livres de rentes et d'une grande facilité de faire des vers.

Le poëte était venu s'installer au cœur de l'Allemagne, où l'on compte trente et quelques souverains, tous bons princes et excellents pères de famille.

Quand les journaux allemands apprenaient au public que telle princesse se trouvait dans une situation intéressante, la muse du poëte se mettait au travail.

Au premier coup de canon annonçant la naissance d'un prince, le poëte envoyait un sonnet.

Au bout d'un an, il était plus décoré que Jules Cohen.

L'Allemagne est d'ailleurs le terrain le plus propice aux ambitieux de la boutonnière.

Plus il y a de principautés, plus on rit.

J'ai connu un garçon qui, dans quelques heures de folie, avait composé un volume de vers.

Il fit relier un certain nombre d'exemplaires qu'il envoya à tous les petits princes qui disposent d'une décoration quelconque.

Seulement chaque exemplaire portait en tête une humble dédicace imprimée en lettres d'or.

C'est ainsi que le poëte dédia son œuvre à la fois à deux rois, quinze princes, douze ducs et plusieurs altesses.

Les rois n'ont pas répondu ; sur quinze princes trois ont envoyé des rubans...; sept ducs ont adressé des lettres de félicitations à l'auteur, et une altesse l'a nommé chambellan.

Voilà le vrai pays de Cocagne pour les boutonnières !

A Paris c'est plus difficile ; ainsi je sais pas mal de poëtes qui ont adressé une foule de vers au directeur de l'Odéon.

Et jamais M. de La-Rounat ne leur a envoyé la moindre décoration !

Parmi les croix, les unes sont très-honorables et fort bien portées par des étrangers de distinction ; les autres sont tout simplement grotesques, et la chancellerie française ne les reconnaît même pas.

On se rappelle à ce sujet l'histoire d'un individu qui tenait, il y a quelques années, boutique ouverte où il vendait les rubans d'un état fantastique comme on vend ailleurs un pot de pommade ou des faux cols.

On me dit qu'il existe encore à l'heure qu'il est non pas un vendeur de croix, mais un commissionnaire en décorations étrangères qui a des relations dans quelques chancelleries de féerie et qui procure à ses clients de fort jolis rubans qu'on ne peut pas mettre dans la rue, mais qui passent très-bien dans les salons.

Dis-moi où tu te procures tes décorations, et je te dirai ce qu'elles valent, dit une variante d'un proverbe connu.

Or, les croix inouïes dont je parle, savez-vous qui les fournit? Un bottier!

Oui, un simple bottier des environs des boulevards.

On va trouver cet homme et on lui dit :

—Dites donc, il me faut pour la fin du mois une paire de bottes vernies et un ruban pour ma boutonnière.

Les bottes coûtent cinquante francs.

Quant au ruban, il est plus cher.

Mais fin courant le tout est livré au client.

Maintenant il faut vraiment avoir la rage d'une boutonnière fleurie de rubans pour s'adresser à ce fournisseur.

Être décoré par un bottier!

Assurément, ce n'est pas bien flatteur, quoiqu'il y ait de très-braves gens dans cette estimable corporation!

Mais si, d'un côté, il est ridicule d'accrocher sur sa poitrine une décoration dont le coût est de quinze cents francs, d'autre part, il n'est pas sans charmes d'être chevalier de n'importe quoi, du Tire-Botte ou de la Panthère Noire, que sais-je?

Cela produit toujours son petit effet dans les familles et au café.

Si ce n'était qu'une simple fantaisie, je ne dirais rien.

Qu'on donne vingt mille francs de rente à une actrice ou qu'on dépense sa fortune pour une foule de croix des pays qu'on ne découvre pas à l'œil nu sur la carte de l'Europe, où est la différence?

La bêtise est la même.

Mais voici le *hic!*

Une fois qu'un monsieur quelconque a accroché une ou plusieurs de ces petites choses à son habit, il veut qu'on les respecte.

Après avoir acheté la décoration, il veut l'avoir méritée.

Parmi ces demi-chevaliers, je n'en ai jamais connu qu'un seul qui eût la conscience de son affaire.

C'est un garçon très-riche, très-distingué et très-spirituel.

Un jour, qu'il revenait d'Italie — avant la dernière guerre, — il me pria de venir voir les objets qu'il avait rapportés de son voyage.

— Voici un tableau de Léonard de Vinci, que j'ai trouvé à Gênes, me dit-il; je le donnerai à mon frère.

— Ce n'est pas mal copié.

— Voici quelques bijoux de Venise pour ma maîtresse.

— Très-bien !

— Voilà des mosaïques de Rome, que je compte offrir à une dame de ma connaissance.

— Et vous ne gardez rien pour vous ? lui demandai-je.

— Si, me répondit-il avec sa franchise habituelle, voici ce que j'ai acheté pour moi.

Et il ouvrit une petite boîte dans laquelle s'étalait une jolie rosette d'officier de je ne sais plus quoi.

— Vous comprenez, me dit ce garçon d'esprit ; moi je me moque parfaitement de cela... mais il me fallait une rosette pour me faire respecter de mes gens... Il y a des cochers qui ne veulent conduire que des maîtres décorés.

VI

Le chemin du succès

I. — Erckmann-Chatrian.

M. Erckmann est Alsacien. Son père — il n'y a pas de sot métier — est épicier dans une petite ville dont j'ai oublié le nom.

Le brave négociant n'avait qu'un chagrin : son fils s'occupait de littérature.

— Je veux écrire des livres, disait le jeune Erckmann.

Et Erckmann père répondait :

— Tu seras épicier !

C'est toujours la même histoire.

Erckmann père n'était pas Alsacien pour rien ; il avait la rêverie allemande et s'occupait, dans ses moments perdus, du somnambulisme dont il étudiait les mystères et suivait les progrès.

Or, un jour, une somnambule vint visiter la petite ville ; le père Erckmann était au comble de la joie ; il allait enfin se trouver en présence d'un sujet extra-lucide.

L'arrivée de la somnambule fut un événement dans la petite ville.

Le premier soir, on vit Erckmann fils se glisser à travers les rues obscures et entrer à l'hôtel.

Que se passa-t-il alors?

Nul ne le sait! mais la tirelire qui renfermait les petites économies du futur écrivain resta entre les mains de la somnambule.

Le lendemain, Erckmann père alla après son déjeuner, à son tour, chez la femme lucide.

— Dormez-vous? dit-il à la saltimbanque qui était étendue sur un mauvais canapé d'auberge de province.

— Je dors!

— Dans ce cas, répondez! Pouvez-vous dévoiler l'avenir?

— Oui, mais c'est trois francs!

— Les voici! Maintenant, parlez! Dites tout ce que vous savez sur l'avenir des miens; ne craignez rien, dites la vérité entière.

La somnambule, qui semblait en proie à une profonde hallucination, passa les doigts sur ses paupières, et murmura :

— Je commence à voir clair.

— Parlez, je vous l'ordonne !

— Vous avez un fils.

— C'est vrai.

— Je le vois à l'âge de trente ans !

— Dans ma boutique ?

— Non.

— Où donc ?

— Je le vois entouré de livres... dans son cabinet de travail... il écrit... Je lis les journaux de l'avenir... ils parlent de votre fils... C'est un homme célèbre... Les éditeurs sont dans l'antichambre... ils viennent supplier votre fils de leur donner un volume...

— C'est bien ! dit le père Erckmann.

Quand il rentra chez lui, il trouva son fils derrière le comptoir... Le jeune Erckmann était en train de peser une demi-livre de sucre.

— Assez ! lui dit le père ; assez ! tu n'es pas fait pour ce métier... Je veux que tu écrives des livres... Pars ! va à Paris !... lance-toi dans la littérature... Si tu as besoin d'argent, voici une lettre de crédit... Tu seras célèbre... j'irai te voir quand tu seras décoré !

Et voilà comment nous devons à une somnambule

7

ambulante la moitié du *Conscrit de* 1813, de *Madame Thérèse*, du *Joueur de clarinette*, de l'*Ami Fritz* et de *Waterloo*.

La collaboration de MM. Erckmann et Chatrian est le phénomène littéraire le plus étrange de ce temps.

On ne comprend pas comment deux écrivains ont pu arriver à une telle harmonie de pensée et de style.

Les collaborateurs sont, à ce sujet, d'une discrétion absolue.

Ils partagent tout en frères... le labeur et le succès.

Mais, hélas! les bons livres n'enrichissent pas les écrivains.

M. Chatrian est archiviste de la Compagnie de l'Est.

Plus heureux que son collaborateur, M. Erckmann a un patrimoine qui lui permet de ne s'occuper que des lettres.

M. Erckmann est un excellent homme, doux, affable, bon garçon.

M. Chatrian a un autre tempérament : il est emporté, violent, nerveux.

A en juger par les personnes, M. Erckmann représente le côté gracieux et poétique.

L'autre apporterait la vigueur, la vie ; mais qui sait !

Ils ont fusionné tant, ces deux hommes de talent, qu'ils sont un des plus remarquables écrivains de ce temps.

Pour *le Conscrit de* 1813 et *Waterloo*, les auteurs se sont servis des notes qui leur ont été fournies par un vieux soldat de l'Empire, Alsacien comme eux.

Comment a commencé leur collaboration ?

Ils ne le savent pas au juste eux-mêmes.

Ils sont camarades d'enfance : Erckmann a soumis ses premiers essais littéraires à Chatrian ; celui-ci a lu sa première page à Erckmann.

Ils se sont habitués de bonne heure à échanger leurs idées.

Ils ont grandi ensemble et sont restés unis malgré le succès… qui a divisé tant de collaborateurs au théâtre.

La vogue a été la suprême épreuve de leur amitié.

Nul ne s'explique l'unité de pensée, de forme, dans des livres qui sont, après tout, écrits par DEUX auteurs.

Ils ne peuvent se l'expliquer eux-mêmes.

Naguère M. Chatrian disait à un ami :

— Erckmann et moi, nous nous comprenons si bien, que nous collaborons même sans nous parler.

II. — Théodore Barrière.

Un jour,— c'était, je crois, en 1857,— un de mes amis me proposa de me présenter à Théodore Barrière ; ce ne fut pas un mince honneur pour un inconnu comme moi ; et, en m'acheminant vers le boulevard du Temple, où Barrière demeurait alors, mon cœur palpitait de crainte et de joie de me trouver en face de l'auteur dramatique qui venait de donner au théâtre du Vaudeville l'immense succès des *Faux Bonshommes*.

Il était neuf heures du matin quand on nous introduisit dans le cabinet de Barrière.

Je me trouvai en face d'un homme jeune encore... au visage énergique... au regard ombrageux... aux lèvres crispées... juste assez poli pour ne pas être grossier... l'allure d'un officier... l'amabilité d'un ours.

— Oh ! le vilain homme ! me dis-je à part moi, je ne le reverrai de ma vie !

Et il arriva que, pendant trois ou quatre ans, nous ne nous séparâmes plus.

Nous nous trouvions à l'heure du déjeuner, à l'heure de l'absinthe et le soir dans les coulisses.

Depuis huit heures du matin jusqu'à minuit, Barrière ne décolérait pas... C'est lui qui m'a appris à connaître ce *tout Paris*, dont je parle aujourd'hui.

J'étais, je l'avoue, fort naïf alors, je croyais à tous les grands sentiments et à toutes les bontés du cœur. L'humanité m'apparaissait comme une immense famille de braves gens qui s'aimaient et s'estimaient les uns les autres.

Après avoir fréquenté Barrière pendant six mois, il ne me restait plus aucune croyance, aucune illusion.

Parfois il me donnait ce qu'il appelait de bons conseils :

— On n'a d'amis dans la vie que les ennemis qu'on se fait, me disait-il ; si vous voulez réussir à Paris, marchez sur les pieds des passants... ils s'arrêteront pour vous regarder.

Plus tard, quand je commençais à avoir une opinion personnelle, mes occupations m'ont éloigné de Barrière.

Lui continuait à faire tour à tour des drames, des comédies et même des vaudevilles ; moi, je cherchais à faire ma trouée dans le journalisme.

Aujourd'hui, nous nous rencontrons rarement. Quand nous nous trouvons en face l'un de l'autre, nous nous serrons cordialement la main. Quand j'ai besoin d'un ami, je trouve Barrière, et il me trouve, moi, lorsqu'il cherche un camarade sincère et dévoué.

Depuis quatre ou cinq ans, Barrière s'est retiré aux Ternes, dans une maisonnette perdue au milieu d'un jardin.

Sa famille se compose de trois ou quatre chats qu'il aime comme un père, et auxquels il sacrifierait au besoin tous ses amis.

Barrière n'a pas changé depuis que je le connais.

Il est toujours jeune... sa taille est toujours mince... sa moustache toujours fière et noire, et son caractère aussi détestable qu'en 1857.

Mieux que personne, je comprends comment cet homme de talent a pu se brouiller et se raccommoder successivement avec tout Paris, pour se rebrouiller encore plus tard avec tout le monde.

Barrière est ombrageux, méfiant, méchant et impossible, mais il est aussi le meilleur et le plus honnête des hommes et le plus excellent des amis pour ceux qu'il aime.

Mais au fond il n'aime que ses trois chats, la neige, la pluie et sa renommée.

Quand je reste trois semaines sans voir Barrière, je vais au-devant lui et j'éprouve une vraie joie à passer une soirée en sa compagnie.

A minuit, lorsque je quitte cet auteur agacé et

agaçant, mes nerfs sont dans un singulier état de surexcitation.

Il communique l'inquiétude, l'énervement, la colère et la haine.

Après l'avoir écouté pendant deux ou trois heures, j'ai les instincts féroces de la panthère noire et le caractère grinchu de l'ours Martin.

De l'esprit ! des mots ! parbleu, Barrière en a à revendre.

Son sarcasme frappe toujours juste et son esprit ne porte jamais à faux.

Citons un de ses nombreux mots :

Dernièrement on vint nous annoncer qu'un grand spéculateur de la Bourse n'avait pas payé ses différences.

— Vous comprenez, dit le narrateur, qu'il fait bien... Il a cinq ou six millions, et la loi ne reconnaît pas les dettes de jeu... Avec cinq cent mille francs, il arrangera l'affaire.

— Vraiment ? dit Barrière.

— Oh ! parfaitement... C'est déjà fait.

— Eh bien ! s'écria l'auteur de *Malheur aux vaincus !* le voilà tranquille : il a de la honte sur la planche pour le reste de ses jours.

III. — Gustave Doré.

Gustave Doré a trente ans à peine, et déjà le nombre de ses dessins sur bois a dépassé le chiffre fabuleux de *cinquante mille*. Dans son œuvre on trouve tous les genres, depuis le tableau historique jusqu'à la caricature. Tout ce qui tient de près ou de loin à l'art a passé sous le gigantesque crayon. La facilité de Doré est inouïe. Il fait généralement un grand dessin sur bois dans sa journée, qui commence à neuf heures et finit à quatre heures du soir. Ce jeune homme célèbre a trouvé en entrant dans la vie une fortune laborieusement acquise par ses parents, qui lui a permis de suivre ses goûts et de satisfaire à toutes les inspirations de sa fantaisie vagabonde.

Il habite un petit hôtel à lui au faubourg Saint-Germain : un véritable nid d'artiste... de grands et larges salons du dernier siècle... de l'air partout... de la lumière dans tous les coins.

Le matin, avant son déjeuner, Doré règle lui-même les affaires courantes; il reçoit les éditeurs et les graveurs qui viennent lui soumettre les épreuves des planches et lui demander des conseils.

Puis le labeur de l'artiste commence. L'atelier

du dessinateur n'est qu'une petite pièce encombrée de cartons, de bois, de dessins de tous genres. L'imagination marche : le crayon glisse sur les planches. En cinq ou six heures il vous fait un chef-d'œuvre.

Puis, le soir venu, l'artiste se transforme en un homme du meilleur monde et fréquente les salons, où il est très-demandé. Entre deux valses il dessine le costume que madame la comtesse de X... portera au prochain bal masqué ; entre deux glaces il esquisse une scène de genre sur un album. Dans les petites réunions intimes, Gustave Doré travaille toute la soirée. Sur le coin d'un guéridon, sur ses genoux, il fait tout en causant ces petits dessins qui sont la menue monnaie de son talent.

Le dimanche appartient à ses amis.

Ces jours-là, l'hôtel est éclairé *à giorno.* Des cigares sur toutes les tables. Les invités ne portent ni l'habit ni la cravate blanche : on s'habille comme on veut. Sauf quelques amies de madame Doré mère, aucune dame n'est admise à ces soirées artistiques, d'où est bannie l'étiquette. On s'étend sur les divans, on cause, on discute, on fume, on s'amuse. Si la gaieté était perdue à Paris, on la retrouverait le dimanche soir chez Gustave Doré, où se réunit le dessus du panier de la jeunesse intelligente.

Doré est, bien entendu, l'âme de ces réunions, car ce diable de garçon a tous les talents. Il joue du violon comme feu Ernst, il chante comme Fraschini, il escamote comme Robert Houdin. Dans les moindres choses de la vie il apporte la supériorité d'une organisation rare. Quand on a fait le tour des salons de Doré, on a passé en revue l'espoir des arts et des lettres. Les peintres se promènent bras dessus bras dessous avec les critiques d'art; les musiciens les plus distingués passent du feu aux diplomates de l'avenir. On va, on vient, on cause, on chante, on s'abandonne à l'inspiration du moment. Après un quatuor de Beethoven exécuté par des artistes de premier ordre, on entend une chansonnette. On parle à la fois du Dante et de M. Anicet Bourgeois, de Michel-Ange et de Cham.

Puis, de temps en temps, on voit passer dans les salons une vieille servante, une de ces servantes de comédie qui font partie de la famille; celle-ci a vu grandir le jeune artiste qu'elle a tenu sur ses genoux, à qui elle a appris à bégayer les premiers mots, et à qui elle a conté ces récits fantastiques des vieux chevaliers et des fées que l'artiste a illustrés depuis. Doré a pour cette vieille amie une tendresse infinie.

Quand la brave servante parcourt les salons avec

des rafraîchissements, Doré oublie tout, ses invités, son rang, son talent ; il va à elle et lui dit d'un ton de doux reproche :

— Voulez-vous bien laisser cela aux domestiques ; je vous ai défendu de vous fatiguer.

Et la servante de comédie répond à son illustre maître :

— Et toi-même tu n'es pas plus raisonnable que moi, tu as déjà bu deux verres de punch ; avec toutes ces imprudences tu te rendras malade.

Car cette bonne vieille amie tutoie son maître comme au temps où elle lui contait *Peau d'Ane*. Quand nous vivons auprès de ceux que nous aimons, nous ne les voyons ni grandir ni vieillir. Il nous semble toujours que notre amitié date d'hier, et trente années passent comme trente secondes. La servante de Doré, qui a conservé pour Gustave l'affection d'autrefois, le voit toujours avec les yeux d'une nourrice qui contemple son bébé, et souvent il lui arrive de dire à ce garçon de génie :

— Comment ! tu sors à cette heure ?
— Oui.
— A cinq heures ?
— Parfaitement.
— C'est que nous dînons à six heures précises.
— Je le sais bien.

— Tu ferais bien mieux de rester.

— C'est impossible !

— Impossible? impossible? murmure la servante de comédie. Eh bien ! sors si tu veux ; mais si tu n'es pas rentré à six heures, tu n'auras pas de potage ! Voilà !

Pauvre bonne vieille ! Le jour où l'on a décoré Gustave Doré, elle a pensé qu'il avait remporté le premier prix dans sa pension.

IV. — JACQUES OFFENBACH.

— Que pensez-vous d'Offenbach ? demandais-je un soir à un musicien célèbre ?

— Il a beaucoup de talent, répondit-il, et un défaut immense.

— Lequel ?

— On ne peut jamais lui faire un compliment. Quand on est sur le point de lui dire : « Vous avez du talent. » Il dit, lui : « N'est-ce pas que j'ai du génie ? »

C'est l'opinion d'un musicien ; voici la mienne :

S'il est un artiste qui mérite nos sympathies, c'est assurément Jacques Offenbach. Il est parti de bien bas : son père était simple chantre à la synagogue de Cologne ; il avait trois fils, musiciens tous les trois; le plus jeune, qui était déjà au collège un virtuose de premier ordre, est mort avant d'avoir fini ses classes; l'aîné est un estimable et modeste violoniste qu'on a vu pendant un certain nombre d'années à l'orchestre du Palais-Royal et du Théâtre-Français; le second, c'est Jacques, le compositeur le plus populaire de ce temps, celui dont les refrains se répètent depuis la Méditerranée jusqu'à la Baltique, dans les salons et dans les cuisines.

Un jour, il quitta sa ville natale, et vint à Paris avec son violoncelle et ses espérances.

On sait comment Offenbach, qui avait un million de mélodies dans la tête, lutta contre la mauvaise chance. L'auteur de la *Chanson de Fortunio*, une des plus gracieuses productions de ce temps, donnait des leçons de violoncelle au cachet; le futur auteur d'*Orphée aux Enfers* allait jouer en soirée pour gagner quelques louis; il crut avoir conquis son bâton de maréchal le jour où Arsène Houssaye l'appela au pupitre de l'orchestre du Théâtre-Français; il pensait avoir atteint le comble de la popularité, et il n'avait seulement pas commencé sa vraie carrière.

Vous savez ce qu'il est aujourd'hui : le musicien le plus connu du monde. A Paris, on fredonne ses mélodies; la garde prussienne défile sur la marche d'*Orphée*, et les paysans de la forêt Noire dansent le quadrille de *la Belle Hélène*. Une seule fois, depuis de longues années, il a décroché son violoncelle ; pour une seule heure, il est redevenu le virtuose de l'ancien temps : le jour où sa fille Berthe épousait à Étretat M. Comte, le propriétaire de la salle des Bouffes.

Offenbach n'a plus le temps de jouer du violoncelle dans les salons ; les directeurs sont dans son antichambre, et c'est à qui lui demandera un opéra en trois actes ou une opérette en un acte ; le succès des dernières années a effacé le triste souvenir des gigantesques luttes qui ont précédé le commencement de sa réputation.

Le virtuose est mort, mais, Dieu merci ! le compositeur est vivant et bien portant, et quand je rencontre cet excellent Jacques, qui a autant de talent que d'esprit, je me demande comment ce maigre et faible artiste a pu résister à l'ouragan de ses jeunes années.

Son père, le chantre de Cologne, est mort depuis longtemps ; il s'est éteint dans l'obscurité de sa modeste position, sans se douter de l'éclat que le deuxième fils devait jeter sur son nom ignoré.

Jacques Offenbach est un des artistes les plus populaires de ce temps.

Après avoir fait jouer en hiver dix ou quinze actes à Paris, il émigre en été vers l'adorable vallée de la Lahn. C'est à Ems qu'il a composé ses meilleures partitions, et le petit théâtre du Kursaal a eu la primeur de plusieurs de ses ouvrages.

Un jour qu'il se rendait à Ems...

Voici l'histoire dans tous ses détails :

On inaugurait un monument, et le petit village allemand était au comble de la joie. Ceci se passait dans le duché de Nassau ; les rues étaient pavoisées, et les paysans se promenaient en habits de fête.

On attendait un personnage influent de Wiesbaden, qui devait présider le repas et prononcer une foule de discours ; les artilleurs étaient à leurs pièces et n'attendaient qu'un signal pour saluer le grand personnage par cent et un coups de canon... mais le président n'arrivait pas.

Après deux heures de cruelle attente, on décida enfin que les commissaires, au nombre de six, se rendraient à Wiesbaden et ramèneraient le président en triomphe.

Trois heures se passèrent ; on ne vit poindre ni président ni commissaires. Dans l'après-midi arriva une dépêche ainsi conçue :

« Commissaires décavés : envoyez argent pour revenir. »

Les six malheureux, ayant trouvé le président au lit, étaient allés faire un petit tour au Kursaal, où, bien entendu, ils avaient perdu jusqu'à leur dernier florin.

Pendant ce temps, la foule enthousiaste attendait toujours. Le potage était froid, et les discours l'étaient également ; enfin, vers sept heures du soir, on signalait le retour des commissaires ; ils arrivaient par le bateau à vapeur sans le président.

Mais le hasard avait amené à bord Jacques Offenbach, qui se rendait à Ems. Au moment où le bateau abordait, la musique villageoise entonna, par hasard, le quadrille d'*Orphée aux Enfers*.

— Tiens ! tiens ! se dit Offenbach, on me fait une réception agréable.

La foule, sur le quai, pousse des cris d'enthousiasme. Les six commissaires veulent expliquer l'absence du président ; mais la joie des villageois, comprimée depuis le matin, éclate et étouffe les paroles des commissaires. Portés par la foule, les six commissaires, suivis d'Offenbach, font leur entrée dans le village, au bruit du canon et aux acclamations de la population.

De temps en temps on criait :

— Vive le président!

Et Offenbach, avançant toujours, se faisait cette réflexion :

— Pourquoi, diable, m'appellent-ils président?

Mais la musique, le canon, le son des cloches, les fleurs et les arcs de triomphe ne permettent aucune explication.

On traverse ainsi le village; toutes les fenêtres sont illuminées... Le cortége est superbe... Des jeunes filles, vêtues de blanc, jettent des roses dans la rue; le maire, en grande tenue, suit les jeunes filles; viennent ensuite les élèves des écoles avec leurs professeurs, les six commissaires décavés et Jacques Offenbach. Une foule immense accompagne le cortége et crie : Vive le président!

On arrive enfin devant la mairie.

— Mes amis, dit Offenbach, merci, merci de votre bon accueil.

Le maire se dégagea du bouquet de jeunes filles vêtues de blanc, et, s'approchant de l'auteur d'*Orphée*, il prononça un discours dans lequel il parlait du progrès, de la vapeur, de la sollicitude du gouvernement, et finalement il invoquait la protection du président pour l'éclairage au gaz du petit bourg.

Alors seulement Jacques Offenbach s'aperçut de

la méprise dont il était l'objet, et tandis que les autorités, les commissaires décavés et les notables de l'endroit se dirigeaient vers la salle du banquet, Offenbach s'esquiva et partit pour Ems.

On n'a jamais su au village ce qu'était devenu le président.

VII

ICI L'ON TRICHE

— Qu'y a-t-il de nouveau à Paris? demandai-je à un de mes amis, après une absence de douze jours.

— Rien, me répondit-il.

— Absolument rien?

— Pas grand'chose! On a pris quelques grecs dans plusieurs cercles de Paris... voilà tout!

— Ah bah!

— Cela vous étonne? dit mon ami.

— Mais il me semble...

— Il vous semble que c'est là un événement bien extraordinaire?

— Assurément.

— Détrompez-vous, mon cher. Le vol au jeu est un incident assez commun dans l'existence parisienne. Depuis qu'on a aboli le jeu officiel, cette terrible et absurde passion n'est plus contenue; tous les freins sont rompus, et nous sommes lancés à grande vitesse vers un décavage général. Au lieu de quelques maisons de jeu qu'on a supprimées, Paris compte des centaines de tripots... Au lieu d'un banquier, surveillé par la police, qui tournait des cartes non biseautées, nous avons des grecs qui tournent, à l'écarté, autant de rois qu'ils veulent. Les joueurs n'ont plus de rendez-vous officiel, mais ils sont partout, en haut et en bas, à droite et à gauche. Autrefois on ne perdait que son argent; depuis qu'on joue à crédit dans les cercles on perd ses espérances, les héritages de l'avenir, la conscience et l'honneur. Le monde des joueurs s'est transformé : quand nous avions des maisons de jeu, on y allait en passant comme on entre au café; on s'installait à une table, on perdait ou l'on gagnait, et puis on allait se coucher; ensuite sont venus les cercles, où tout le monde se connaît et s'entraîne mutuellement; le jeu, qui n'était qu'un enfant perdu, s'est créé une famille. Chassé de son hôtel garni, il s'est mis dans ses meubles, et a convié ses amis et connaissances à venir s'installer à son foyer. La Dame de Pique, qui n'était qu'une fille sans aveu, est devenue grande dame; elle a des salons dorés dans les quatre coins de Paris, et des laquais aux habits galonnés stationnent dans son antichambre. Elle a pénétré dans les familles et s'est créé des relations dans toutes les classes de la société. Les honnêtes femmes elles-mêmes la reçoivent chez elles. Elle n'a jamais été plus répandue et jamais elle n'a fait plus de victimes. Autrefois on allait lui rendre visite chez elle, on ne se vantait pas de ses faveurs, on n'osait se plaindre de ses cruautés; aujourd'hui, c'est une profession de l'adorer, et presque une gloire de se ruiner pour elle. Du temps où elle était contrôlée par des commissaires de police, la Dame de Pique était hors la loi; aujourd'hui elle est partout : pas de fête sans elle, pas de réunion sans son concours; même les vertueux bourgeois l'admettent dans leurs salons depuis que d'une Dame de Pique publique elle est devenue une Dame de Pique privée. Enfin, mon cher, à tous ses charmes on a maladroitement ajouté la saveur du fruit défendu.

Mon ami disait vrai, et lorsqu'on descend dans les bas-fonds où travaillent les joueurs parisiens, on frissonne en voyant à l'œuvre ces Mandrins de l'écarté et ces Cartouches du piquet qui fréquentent les brillants tripots de la grande cité.

Quand je dis tripot, il ne faut pas croire que je

parle de la maison de jeu clandestine tenue par une ancienne jolie femme.

Le tripot de notre temps n'est pas le tripot d'autrefois.

La civilisation a marché... on n'a plus besoin de se glisser discrètement dans une salle à manger dont le mobilier sera infailliblement saisi dans la soirée par un commissaire de police.

Sous cette vague dénomination de Cercle, fonctionne le tripot contemporain.

Plus de mystère... plus de commissaire. L'autorité est avertie... on lui a demandé la permission d'ouvrir un Cercle, dont on ne peut faire partie qu'après avoir rempli certaines formalités.

Il faut deux parrains... un seul suffit... Au besoin, on remplace les parrains par deux pièces de cent sous.

Montons !

Dans l'antichambre se tiennent des laquais galonnés, et les salons sont dorés sur tranche.

En grattant un peu cette dorure, on trouve la honte et la boue.

Une société mixte remplit les salons.

Quelques honnêtes gens, — pas mal d'imbéciles, — et beaucoup d'escrocs.

Les louis sonnent agréablement à l'oreille, et les

rois tournent à l'écarté avec la dextérité d'une girouette en temps d'ouragan.

De temps en temps, un malheureux, qui n'a pu obtenir un louis de l'usurier qui prête dans l'antichambre sur des bijoux, vous emprunte dix francs, joue sept francs cinquante, et garde cinquante sous pour le déjeuner du lendemain.

Dans les salons dorés et gardés par des laquais, on joue toutes les sommes.

Parfois l'enjeu d'une partie d'écarté est de mille francs. D'autres fois la somme ne dépasse pas vingt-sept sous !

On y voit de braves gens perdre cinq ou six mille francs dans leur nuit, et d'autres qui *font venir* deux mille francs à l'écarté avec une pièce de vingt sous qui est tout leur patrimoine.

Les mœurs y sont on ne peut plus débraillées.

On emprunte de l'argent, on ne le rend pas, on fait des dupes, peu importe. Pourvu qu'il vous reste en portefeuille de quoi vous caver à la bouillotte, on vous fait bonne figure.

Dans ces tripots on contracte de vilaines relations; on joue cinq louis avec un monsieur qu'on ne saluerait pas dans la rue pour trois cents francs ; on y laisse son argent, son temps, sa santé et sa dignité.

Rien n'étonne et rien ne surprend.

Tout est permis tant qu'on n'est pas pris la main dans le sac.

Et encore!... On voit un monsieur voler des masses qui ne lui appartiennent pas... On lui donne le conseil de s'éloigner.

Le lendemain on le trouve au tripot voisin, où il est membre du comité.

Et voilà!

C'est ici que le fameux major polonais, qui travaillait autrefois dans les tables d'hôte de la banlieue, a été promu au grade de général.

— Vous avez fait beaucoup de campagnes? lui demandait-on un soir.

— Énormément!

— Et vous n'avez jamais été blessé?

— Si, plusieurs fois.

— Où cela, général?

— A l'écarté, répondit le noble guerrier.

Quand on insulte son voisin dans ce coupe-gorge, personne ne se dérange, et nul ne s'étonne d'entendre des dialogues dans le genre de celui-ci :

PREMIER GREC. — Monsieur, vous avez fait sauter le roi.

DEUXIÈME GREC. — Vous êtes un drôle!

PREMIER GREC. — Et vous, vous êtes un polisson!

DEUXIÈME GREC. — Monsieur, demain matin mes témoins seront chez vous !

PREMIER GREC. — Soit ! (*Lui présentant les cartes.*) A vous la coupe !

Deux ou trois fois par semaine on se bat à coups de poing ; les domestiques galonnés ne font pas attention à ces petits incidents.

Un monsieur reçoit un soufflet.

Comme il a le choix des armes, il choisit le quarante de face, décave son adversaire : et l'honneur est satisfait.

Je l'ai dit : les tripots fonctionnent avec l'autorisation de M. le commissaire, qui, il faut bien le dire, ne se doute pas du honteux commerce qu'on fait dans ces salons assez dorés pour inspirer la confiance.

On comprend qu'il ne peut pas me venir à l'idée de désigner plus spécialement les coupe-gorge dont je parle, et qui ont remplacé les jeux publics, contrôlés par l'autorité.

Une histoire à l'appui. J'en garantis l'authenticité.

Dans un de ces nombreux cercles borgnes, un de mes amis a passé deux ou trois ans de sa vie.

Par une belle nuit d'hiver, — cinq heures sonnaient à la pendule — un homme lui fit son tout à la bouillotte, avec une dame et deux huit.

Et, chose extraordinaire ! cet homme gagna le coup.

Le lendemain, la victime alla trouver l'entrepreneur du cercle, et lui conta l'affaire.

— Vous comprenez, monsieur, lui dit-il, que dans votre propre intérêt il faut surveiller un joueur qui fait vingt louis avec une dame et deux huit.

— Vous allez peut-être un peu loin ! lui répondit-on.

Le cercle en question est organisé sur le modèle des grands clubs ; il a un comité et un président.

Le président se fait cinq ou six mille livres de rente, en donnant de bons conseils aux jeunes gens qui s'égarent dans ce tripot.

Un néophyte se présente : le président l'attire dans un coin, et lui dit :

— Soyez le bienvenu parmi nous, monsieur, et permettez à mon grand âge de vous donner quelques conseils ! Ne vous emportez jamais ; soyez maître de vos passions : sans cela vous êtes perdu ! On ne sait où le jeu peut entraîner un jeune homme. Oh ! ne vous récriez pas ! Tenez, moi, je suis un vieillard, et je n'ai pas encore pu dompter mes passions ! Je viens encore de me faire décaver à la bouillotte, et comme j'ai l'habitude de ne jamais emprunter au jeu, je vais rentrer chez moi avec une perte sèche de cinq cents francs... à moins que vous ne vouliez me prêter cinq louis jusqu'à demain, car quelque chose me dit que votre argent me portera bonheur !

Refusez donc cinq louis à un président.

Le tripot est gouverné par un comité, souverain juge de l'endroit.

Ils sont douze aussi honorables les uns que les autres. Un soir, on prend en flagrant délit un individu qui se trouve toujours du côté gagnant, — c'est une profession comme une autre, — et réclame deux louis qui ne lui appartiennent pas !

Le comité se réunit.

La séance est orageuse.

— Moi, dit le président, je crois que M. Y... doit être expulsé du cercle.

— Président, vous êtes sévère ! Contentons-nous de lui adresser une simple réprimande.

— Et encore EST-CE BIEN NÉCESSAIRE ? fit un troisième.

Une autre fois, un membre du cercle est surpris par la galerie au moment où il tournait, à l'écarté, un roi de carreau qui n'était pas à sa place.

Grand émoi !

On appelle le vénérable président, et on lui signale l'incident. Il réfléchit un instant, puis il dit au grec :

— Monsieur, permettez-moi de vous dire que ce que vous venez de faire est fort indélicat ! Le coup est nul !

Dans ce tripot, le président montre au débutant un homme chauve qui s'appuie constamment le front dans la main et semble méditer de grandes choses !..

— Notre cercle est fort bien composé, dit le président ; tenez, ce monsieur là-bas est un auteur distingué.

— Ah ! Qu'a-t-il écrit ?

— La *Règle des jeux !*

Quelquefois, vers deux heures du matin, on joue un petit baccarat *chemin de fer*.

Pendant trois mois, vers deux heures et demie, l'honorable président s'approcha de la table et dit :

— Allons, messieurs, je ne suis pas joueur, mais je vais risquer dix francs !

Le président prenait *la main*, passait quatre fois, ramassait cent soixante francs, et disait :

— Je passe la main ! Je ne suis pas joueur et je me contente d'un léger bénéfice.

Pendant un trimestre, le président se fit cent cinquante francs par soirée.

Personne ne le soupçonnait.

Un soir, le brave homme *partit*, comme d'habitude, de dix francs.

Il gagna trois fois !

— Banco des quatre louis ! dit un habitué.

Le président donna deux cartes à son adversaire, en prit deux, les regarda, et dit :

— J'en donne !

— J'en prends !

Le président donna un *siœ!*...

O surprise !

Au lieu d'une carte, on trouva sur le paquet une lettre adressée au président et qui s'était maladroitement glissée dans la *portée.*

Cela prouve qu'on ne doit jamais avoir sa correspondance dans sa poche.

L'affaire fit scandale.

Le comité se réunit.

Le président comparut devant ses juges.

— Monsieur, lui dit le rapporteur, vous devez comprendre que, après ce qui vient de se passer, vous ne pouvez rester président du cercle ; mais notre intention n'est point de vous faire un affront public. Nous vous donnons vingt-quatre heures pour nous adresser votre démission... Cela aura l'air de venir de vous, et VOTRE HONNEUR NE SERA PAS COMPROMIS.

Un soir de l'hiver dernier, un provincial s'égara dans ce coupe-gorge ; il avait déjà perdu quatre mille francs qu'on lui volait; et la pauvre victime eut le mauvais goût de se plaindre.

Le président se retrancha derrière sa dignité.

— Monsieur, dit-il au provincial, croyez-vous à la fin que vous êtes dans la forêt de Bondy ?

— Assurément non, répondit la victime après avoir toisé la société... les arbres manquent

VIII

LES CONCERTS POPULAIRES DE MUSIQUE CLASSIQUE

I. — M. PASDELOUP.

M. Pasdeloup est le chef d'orchestre des Concerts populaires du Cirque Napoléon.

Reyer, l'auteur de *la Statue*, a dit que l'orchestre dirige fort bien M. Pasdeloup.

N'importe !

M. Pasdeloup a eu la bienheureuse idée de fonder les concerts du Cirque Napoléon. Il a rendu un vrai service à l'art.

Et puis :

C'est quatre ou cinq cents cordonniers allemands qu'il enlève chaque dimanche à nos promenades publiques.

Tout le monde est content!

A force de conduire les symphonies des grands maîtres, M. Pasdeloup a fini par croire que c'*était arrivé.*

Quelques enthousiastes — des Romains des bords du Rhin — rappellent M. Pasdeloup après chaque concert.

Et M. Pasdeloup vient saluer le public avec une grâce que Weber doit lui envier.

Au physique, M. Pasdeloup est un homme qui se porte bien.

La tête... on dirait un boulet de quarante-huit, coiffé d'une perruque d'un blond ardent; le teint frais et rose comme celui d'un entrepreneur heureux, les épaules de l'Homme-Canon, le lorgnon du gandin, le regard inspiré, la physionomie mobile.

Quand M. Pasdeloup est content de Beethoven, il fait une aimable risette à la partition.

Lorsque le génie de Beethoven s'assombrit, Pasdeloup fronce les sourcils.

Pendant l'*allegro*, Pasdeloup se hisse sur la pointe des pieds.

Pour conduire l'*andante*, il se plie en deux. Tantôt il disparaît derrière une contre-basse, tantôt il plane au-dessus de son orchestre.

Le voilà qui donne le fouet à la partition... Un

instant après, il fait de petits ronds en l'air avec son bâton.

Pasdeloup, c'est le mouvement perpétuel que cherchent nos savants.

Pas un instant de repos !

Il se remue, saute, danse, se tortille, bondit, s'accroche au trapèze, fait trois tours en l'air, retombe devant son pupitre, et continue à diriger comme si rien ne s'était passé.

Un mot sur l'orchestre, maintenant :

Il n'est pas mauvais.

Mais l'impartialité nous fait un devoir d'ajouter qu'il n'est pas bon non plus.

Il est à l'orchestre du Conservatoire ce que la troupe de la Gaîté est à celle du Théâtre-Français.

Cependant, il arrive quelquefois à cet orchestre d'être suffisant.

Dans un de ces moments heureux, je demandais à un musicien :

— Comment faites-vous pour arriver à cet ensemble ?

L'homme à la clarinette me répondit :

— Nous n'avons qu'à ne pas regarder notre chef d'orchestre.

II. — HAYDN.

Puisque ce grand musicien est en train de faire *son trou* à Paris, nous raconterons en quelle circonstance *la Symphonie d'adieu* fut composée.

L'empereur d'Autriche fit savoir à son maître de chapelle Haydn, que la situation de la cassette impériale ne lui permettait plus de garder sa chapelle.

Trente pauvres musiciens se trouvaient congédiés. Haydn demanda la faveur d'organiser un dernier concert.

Toute la cour voulut assister à cette soirée d'adieux de la chapelle impériale.

L'empereur était au premier rang.

Haydn prit sa place à la tête des musiciens, donna le signal, et tout l'orchestre entonna une mélodie mélancolique; puis, après quelques mesures, les contre-bassistes éteignirent leurs bougies et s'en allèrent; à mesure que la symphonie s'avançait, les musiciens déposaient leurs instruments et quittaient la salle de concerts; la mélodie s'affaiblissait de plus en plus; et, à la fin, Haydn, demeuré à sa place, saisit un violon, et joua seul le motif que tout l'orchestre avait exécuté au commencement de la symphonie. Puis, le grand maître salua l'empereur et prit son chapeau.

— Haydn ! s'écria l'empereur, où allez-vous ?

— Sire ! dit le compositeur, je vais rejoindre mes enfants.

— Non, restez tous ! fit l'empereur, votre départ laisserait un trop grand vide dans mon âme ! Ah ! si vous saviez ce que j'ai souffert en voyant ces pauvres artistes s'éloigner les uns après les autres !

La tradition est restée en Allemagne ! Quand on joue *la Symphonie d'adieu*, les musiciens s'en vont un à un, et rien ne peut donner une idée de l'impression que produit sur l'auditoire cette agonie d'une mélodie.

III. — Mozart.

En ce temps de charlatanisme musical, où les compositeurs voyagent avec leurs partitions comme d'autres voyagent avec un veau à deux têtes, on ne peut lire sans émotion le récit de la vie si simple, de la sublime modestie des grands compositeurs du dernier siècle.

Ceci se passe tout simplement en 1701, et il s'agit de la première représentation à Vienne d'*Il Matrimonio segreto*.

Le succès fut énorme !

Cimarosa, après le spectacle, soupait à son hôtel, quand soudain la porte s'ouvrit et un inconnu se précipita dans la chambre.

— Je vous cherche depuis une heure, monsieur, dit-il au maestro italien. Pardonnez-moi de vous déranger à cette heure, mais il faut que je vous serre la main, il faut que je vous embrasse... Votre musique est sublime !

— A qui ai-je l'honneur de parler? demanda l'Italien.

— Plus tard nous causerons de moi; laissez-moi d'abord parler de vous, de votre génie; laissez-moi vous remercier de la belle soirée que vous m'avez fait passer... Allons! il faut absolument que vous m'aidiez à vider une bouteille de vin du Rhin en votre honneur ! Holà ! garçon, une bouteille, et du meilleur ! A votre santé, maître Cimarosa !

Un instant après, le visiteur était installé en face de l'Italien.

— A votre santé, maître Cimarosa !

— A la vôtre, monsieur ! Votre nom?

— Mon nom ne fait rien à l'affaire... Je vous adore, je vous admire, et j'éprouve un plaisir infini à me trouver avec vous.

— Mais...

— Mon Dieu! quel beau talent vous avez, cher maître!

L'Italien regarda l'Allemand avec une douce compassion; il le crut fou.

Mais bientôt il changea d'avis, car le visiteur inconnu parlait de l'art en général et de la musique en particulier; il s'enthousiasmait; ses yeux brillaient d'un éclat fiévreux.

— Vous êtes artiste? demanda enfin Cimarosa.

— Oui.

— Connaissez-vous Mozart?

— Un peu.

— Quel homme est-ce?

— C'est un pauvre garçon qui ne se porte pas bien; je crois qu'avant peu il passera l'arme à gauche.

— Allons donc! s'écria Cimarosa, vous m'effrayez!... Dieu protégera les jours de l'immortel maître allemand... On m'a dit que Mozart était maladif, c'est vrai... mais il est jeune. Ah! monsieur, votre sinistre prophétie me rend tout triste... si vous disiez vrai... mais non, c'est impossible!

— Voyez-vous, maître Cimarosa, ce Mozart est un singulier garçon... il sait parfaitement qu'il mourra avant quelques années... mais il ne regrette pas la vie, car il pense qu'il n'a pas été tout à fait inutile sur terre.

— Il a donné trois chefs-d'œuvre au théâtre, s'écria l'autre : *les Noces de Figaro, Don Juan* et *l'Enlèvement au sérail.*

— Oui, fit l'Allemand, ces trois opéras ne sont pas mauvais; pourtant Mozart n'est jamais content de ce qu'il fait... il voudrait laisser une œuvre plus importante encore, mais...

Déjà Cimarosa était debout. Il prit son chapeau et dit :

— Je vous demande pardon de vous mettre à la porte... mais il faut que je sorte... je suis inquiet sans trop savoir pourquoi... Trois fois déjà je me suis présenté chez Mozart... je ne l'ai pas trouvé... mais je veux le voir... à l'instant même... Adieu.

Cimarosa se dirigeait vers la porte... l'Allemand lui barre le passage... une larme coule sur ses joues amaigries... il tend la main à l'Italien, et le regarde avec ses grands yeux bleus, si doux, si sympathiques...

— Monsieur! s'écrie Cimarosa... vous avez dans votre regard l'éclair du génie... vous êtes artiste?

— Oui.

— Musicien?

— Oui.

— Votre nom! votre nom!

Et l'Allemand répond simplement :

— Si vous êtes encore à Vienne dans un mois, vous me ferez la grâce de venir entendre *la Flûte enchantée,* que je termine en ce moment... Je m'appelle Mozart.

Trois mois après, le grand musicien était mort.

IV. — Beethoven.

Beethoven vivait à Bonn, petite ville de dix mille habitants sur les bords du Rhin.

C'est dans la mesquine existence de l'étroite vie de province que cet homme prodigieux a pu trouver ses plus gigantesques inspirations.

Il n'était pas encore sourd à cette époque !

Dans les soirées d'été, il se promenait tout le long, le long de ce beau fleuve qui a nom le Rhin ; il aimait à se perdre dans la campagne, loin des Berlioz de son temps.

Par une belle soirée de printemps, il entrevit le ciel et trouva *la symphonie pastorale.*

Voici maintenant la légende de la sonate du *Clair de lune :*

Beethoven errait, par un beau clair de lune, dans les environs de la petite ville allemande.

Tout à coup, il s'arrête et écoute.

Dans une maison de campagne, isolée des autres habitations, on joue sur le piano une de ses sonates.

L'exécution charme le maëstro.

Il pénètre dans le jardin... Personne !

Il avance toujours... la porte de la maison est ouverte. On est si confiant dans ce pays.

Beethoven, attiré par les sons du clavecin, monte l'escalier.

La porte du salon est entr'ouverte.

Une jeune fille est assise au piano et tourne le dos à la porte. Beethoven ne voit que sa taille élancée et son abondante chevelure du plus beau blond allemand.

Il admire et écoute.

La jeune Allemande a fini son morceau.

— Bravo ! s'écrie le maëstro, qui n'est plus maître de ses impressions.

— Qui est là? demande la jeune fille.

— Mademoiselle... je suis un ami... un admirateur de votre talent !

— Un étranger ! Au secours ! s'écrie la musicienne.

— Ne craignez rien, mademoiselle, je ne suis pas un malfaiteur... Votre talent m'a attiré, et vous excuserez mon indiscrétion quand vous saurez que je suis le compositeur de ce morceau !

— Vous êtes Beethoven ?

— Oui, mademoiselle.

Les grands yeux bleus de la musicienne semblent chercher le maëstro dans un autre coin du salon.

— Où êtes-vous ? dit-elle d'une voix tremblante.

— Mais, mademoiselle... je suis devant vous. Vous ne me voyez donc pas ?

Un torrent de larmes s'échappe des yeux de la pauvre enfant.

— Je ne puis vous voir, dit-elle d'une voix entrecoupée par les sanglots, car je suis aveugle !

Il se fit un grand silence.

La jeune fille sanglotait... les yeux du musicien s'inondèrent de larmes.

— Approchez, lui dit la pauvre enfant ; je n'ai plus peur... puisque vous êtes le plus grand artiste de l'Allemagne... Voulez-vous rester jusqu'à l'arrivée de ma mère ? Nous causerons...

— Parlez, dit Beethoven, je vous écouterai avec bonheur...

— Soit ! Parlons de vous, de votre génie !

— Non, ma chère enfant, parlons de vous ! Ne désespérez pas, malgré votre malheur.

— Je suis moins malheureuse que vous ne pensez, dit-elle, car la musique m'apporte souvent des consolations dans ma triste existence. Je suis aveugle depuis deux ans... On me fait espérer que je guérirai un jour... mais je sais que je suis perdue... Mon père est mort... ma mère et moi nous vivons seules ici... Vous êtes étonné de ne pas la voir près de moi! oh! ne l'accusez pas, monsieur... Ma mère est allée voir une amie malade dans le voisinage... elle a voulu m'emmener... mais je ne vais nulle part... car je sais bien qu'avec moi la tristesse entre partout... Le malheur est mille fois navrant quand il se présente sous les traits d'une personne de mon âge... Voilà pourquoi je ne sors jamais... J'ai appris la musique dans le temps, quand je voyais le ciel bleu et la verdure des champs... Aujourd'hui elle me console... Je connais toutes vos compositions, excepté les dernières..., car je ne peux plus étudier, je ne vois plus les notes.

La pauvre fille s'arrête pour pleurer encore.

Dans le jardin chante le rossignol.

— Ma chère enfant, dit enfin le musicien, si vous le permettez, je viendrai vous voir de temps en temps... Faites-moi la grâce de me considérer comme votre meilleur ami.

— Et vous me jouerez vos dernières compositions?

La jeune fille s'était instinctivement approchée de la fenêtre pour respirer à son aise.

La pâle lumière de la lune éclairait son beau visage et se reflétait dans ses grands yeux éteints.

— Vous ai-je offensé? dit-elle.

— Moi! Et pourquoi?

— En vous priant de me jouer une de vos dernières œuvres?

Pour toute réponse, le grand maître s'assied devant le clavecin... Il contemple la pauvre enfant, qui, elle, ne le voyait pas... La sueur inonde le large front de Beethoven... sa poitrine respire à peine... l'instrument tressaille sous ses doigts crispés par la douleur... les cordes vibrent tristement... et là, en présence de cette immense infortune, l'âme du grand artiste déborde et crée le chant mélancolique que l'on appelle *la Sonate du Clair de lune.*

Beethoven revint souvent, et c'est de cette époque que datent ses plus sombres inspirations.

IX

LES BOULEVARDS DU MIDI

Nice et Monaco.

L'hiver et les propriétaires ont ceci de commun, qu'il n'y a pas d'arrangement possible avec eux ; on subit leurs lois, on se rend sans murmurer à leurs exigences ; on a des enfants chez soi si cela convient au propriétaire, et l'on se porte bien si l'hiver le veut ainsi ; enfin tous deux exigent une obéissance passive : ils vous dictent leurs conditions comme des gens qui ont la conscience de leur force et de leur supériorité. Toute révolte est impossible ; l'un a le concierge pour vous ramener à la raison, l'autre a la grippe pour vous clouer au coin de votre cheminée, si vous n'êtes pas bien sage ; le concierge est le tyran chargé des affaires extérieures; il lit vos journaux et vous apporte vos lettres quand cela lui convient. La grippe est spécialement chargée du département de l'intérieur; elle pénètre dans votre appartement, s'installe à votre chevet, vous domine et vous écrase, vous fait prendre du thé quand vous avez envie de boire du champagne, et vous force de vous coucher à huit heures du soir quand il vous serait doux d'aller danser en ville.

Au bout de six mois de cette existence, la vie ne vous semble plus qu'un lourd fardeau.

Il arrive alors que le Parisien, poussé à bout, rentre chez lui, dit à son domestique de lui apporter sa malle, et se livre à des contemplations.

Je ne sais si vous avez jamais eu l'occasion de constater la poésie d'une simple malle.

Au moment où l'on s'apprête à la garnir des mille et un objets qu'on emporte en voyage, la malle se transforme en un splendide panorama, dans lequel la fantaisie distingue les citronniers, les orangers, les figuiers et les amandiers... Rien ne me fait rêver comme le fond d'une malle; au moment du départ, la toile qui garnit l'intérieur s'anime, et mes yeux éblouis voient défiler devant eux une série d'adorables paysages, de sites charmants comme dans les tableaux que reflète sur une toile blanche la lanterne magique.

Vingt-quatre heures après on se réveille sur les bords de la Méditerranée, et le rêve est devenu réalité. Nous voici à Nice. La ville se baigne dans la mer, et un doux soleil de printemps éclaire le paysage. Nous avons quitté le Paris enrhumé, et nous retrouvons la vie et la santé à l'aspect des premiers orangers. Sur la *Promenade des Anglais*, on rencontre des Parisiens qui ont fui la grippe.

Puis on vous raconte les histoires de la ville, on vous montre la demeure du jardinier Alphonse Karr; on cause, on bavarde, on fume, et tandis que les Parisiens jettent des bûches dans les cheminées qui, fidèles à la tradition, fument de leur mieux, on respire sur le bord de la mer un air doux, sain ; on se rit du rhume de cerveau et l'on fait un pied de nez à la toute-puissante grippe.

En passant, on récolte une histoire galante qui mérite d'être rapportée.

Un Russe — il y a cette année énormément de Russes à Nice — avait fait au théâtre la connaissance d'une blonde célébrité de Paris.

Pendant l'entr'acte, un traité fut conclu entre la Parisienne et le boyard. Je ne saurais préciser les clauses de ce pacte; qu'il suffise au lecteur d'apprendre que, moyennant une somme de vingt mille roubles une fois payée, le Russe devint le protecteur de la Parisienne pour toute la saison, depuis le 1ᵉʳ novembre jusqu'au 1ᵉʳ avril inclusivement.

Or, il paraît que la blonde enfant rompit ce traité dès le 1ᵉʳ janvier. Le Russe lui déclara alors qu'une des parties contractantes n'ayant pas tenu ses engagements, il redemandait les deux tiers de la somme versée.

On a généralement remarqué que les Parisiennes d'un certain monde acceptent facilement des roubles, mais on n'a pas d'exemple d'une restitution.

Le boyard, lésé dans ses intérêts, réclama l'appui de la police pour rentrer dans ses fonds; il est inutile de dire que l'administration refusa d'intervenir dans cette affaire.

Non loin de Nice, enclavée dans le territoire français, se trouve la principauté de Monaco, où Son Altesse Sérénissime Charles III règne sur sept cents sujets.

On s'y rend soit par mer, soit par la route de terre qui longe et domine la mer, et qui est une des plus merveilleuses promenades que j'aie vues. A l'émotion que vous procure le paysage, viennent s'ajouter les souvenirs historiques. Ainsi que l'indique un portrait qu'un prix de Rome en rupture de ban a point sur le mur, Masséna a couché dans cette chaumière ; devant cette humble auberge s'est arrêtée la Garde du second empire quand elle courut au secours de l'Italie ; à gauche, les Alpes vous montrent leurs cimes couvertes de neige ; à droite la mer bleue, la mer française, la Méditerranée se brise au pied des rochers.

Quel grand et majestueux spectacle !

Au bout de trois heures, en tournant un rocher, on aperçoit, bâtie sur un roc, une petite ville qui semble sortir d'une boîte de joujoux de Nuremberg.

C'est la capitale et l'unique ville de la principauté de Monaco.

Monaco se compose d'un rocher sur lequel on a construit trois allées de monuments funèbres, qui donnent à cette résidence une grande ressemblance avec le Père-Lachaise. Autant de maisons, autant de caveaux de famille ; quant aux sujets monagasques, je n'en ai point vu, et je pense que la ville a été tout simplement construite par un gouverneur zélé, pour faire croire à son maître qu'il possède des sujets.

Devant le château du prince, on a entassé quatre ou cinq mille boulets et une dizaine de canons qui n'ont pas d'affûts ; j'y ai également remarqué un obusier, mais on en fait un usage qu'il m'est impossible de révéler ; seulement je me demande pourquoi le gouverneur ne fait pas coller d'affiches de spectacle à l'extérieur.

Du haut de cet obusier on a une vue superbe. Le rocher se baigne dans la mer bleue, où se reflètent des bois d'orangers et de citronniers. Rien ne saurait donner une idée du charme de ce beau spectacle de la nature ; on contemple et on rêve à son aise, bien sûr de ne jamais être troublé par un passant, à moins que M. le gouverneur ne vienne inspecter la sentinelle, qui serre sur son cœur un fusil à pierre qui a déjà servi à la bataille de Fontenoy.

Le gouverneur de Monaco est un petit homme bien rond, bien gras, bien nourri et bien décoré. En sa qualité de premier fonctionnaire de l'État, il touche trois cents francs par mois, avec lesquels il entretient deux chevaux et une voiture qui lui servent pour faire le tour de la seule et unique place de la ville. M. le gouverneur, qui commande en même temps les armées de terre et de mer, dépouille quelquefois l'uniforme d'infanterie, endosse un costume complet d'amiral, et inspecte le bateau à vapeur qui fait la traversée de Nice à Monaco. Lorsque M. le gouverneur a fait sa tournée dans le port, il change encore d'uniforme, et, à la place de l'amiral, nous voyons apparaître le ministre qui va s'occuper des affaires de l'État.

Et ce n'est pas chose facile, car il arrive en moyenne trois lettres par jour au ministère de l'intérieur de Monaco. Après avoir décacheté les lettres, le gouverneur endosse l'uniforme de général de division et va à la caserne.

L'armée de Monaco se composait, il y a dix-huit mois encore, de six hommes ; pendant la guerre du Schleswig, l'État, craignant une complication européenne, a porté le total de l'effectif à douze hommes et un sergent.

Le gouverneur de Monaco tutoie son armée, et il est un vrai père pour ses soldats qu'il met souvent à l'épreuve pour entretenir l'esprit militaire.

Une nuit de l'hiver dernier, le gouverneur, enveloppé dans un large manteau, a quitté sa demeure et s'est glissé le long des murs du château.

Le factionnaire a croisé sa baïonnette de fer-blanc et a crié :

— Qui vive ?

— Ami ! fit le gouverneur.

— On ne passe pas !

Le gouverneur avançait toujours.

— On ne passe pas ! répéta le factionnaire en

faisant claquer sa langue pour faire croire qu'il armait son fusil.

Alors le gouverneur ouvrit son manteau, montra toutes ses décorations, et dit :

— Mon fils, je suis le gouverneur.

— Vous ne passerez pas, fussiez-vous le petit caporal ! cria le soldat.

A ces mots, l'émotion du gouverneur parvint à son comble : il se précipita sur le fantassin, le serra contre sa poitrine, et d'une voix entrecoupée par les larmes :

— Avec de tels soldats, dit-il, nous pouvons braver l'Europe !

Le lendemain, toute l'armée était réunie sur la grande place ; à midi, le gouverneur arriva à cheval, suivi de son état-major, qui se composait d'un domestique à pied. Il harangua l'armée et ordonna au vaillant fusilier de sortir des rangs.

Le soldat obéit.

— Ami, dit le gouverneur, votre éclatante conduite de la nuit dernière mérite une récompense ! Vous êtes un brave !

Sur un signe du gouverneur, le seul et unique tambour exécuta un roulement, et l'armée de Monaco rentra dans ses quartiers, qui se trouvent au troisième étage d'une maison voisine.

A cette revue mémorable, dont le *Journal de Monaco* a rendu compte avec un enthousiasme qui ne laisse rien à désirer, deux soldats étaient venus sans armes.

Ceci n'avait point échappé à l'œil vigilant du gouverneur.

— Où sont vos fusils ? demanda-t-il.

— Mon maréchal, répondit l'aîné des deux troupiers, nous avons porté nos fusils chez le serrurier, parce que les batteries ne marchaient pas.

— Fort bien ! fit le gouverneur ; le premier devoir du soldat est d'entretenir ses armes en bon état. Je vous citerai à l'ordre du jour de l'armée.

Le *Journal de Monaco* est l'organe officiel de la principauté ; il paraît une fois par semaine, le dimanche. Ce jour-là le gouverneur endosse un habit à palmes vertes, devient académicien de Monaco, et inspire des articles de haute politique. Parfois, le journal publie les traités d'alliance offensive et défensive que le gouverneur contracte avec les grandes puissances européennes, et il donne en outre le mouvement du port de Monaco, dans lequel entrent deux fois par jour les bateaux à vapeur de Nice ; de temps en temps une barque de pêcheur, fuyant la grosse mer, s'égare dans ce port fantastique et met la ville en révolution. Dans ces circonstances, le gouverneur fait battre le rappel, et les douze soldats se montrent sur les remparts pour repousser l'attaque des pêcheurs, qu'ils prennent pour des musulmans.

Cette petite esquisse du gouverneur de Monaco ne serait pas complète si je n'ajoutais pas qu'il est aussi directeur des douanes ; car aux extrémités de cette principauté, grande comme le boulevard des Italiens, il y a des douaniers qui jouent au bézigue à qui visitera la malle du premier voyageur qui passera.

Dans l'année qui vient de s'écouler, les recettes de la douane de Monaco se sont élevées au total respectable de douze francs soixante-quinze centimes.

C'est un assez joli chiffre.

Sur le second rocher de la principauté fleurissent la roulette et le trente-et-quarante ; une légion d'ouvriers est en train d'y construire, aux frais de M. Blanc, une ville entière, dont on parlera dans l'avenir.

Avant que l'établissement des jeux fût passé entre les mains de l'homme heureux qui a su gagner une vingtaine de millions avec un simple zéro, les jeux de Monaco étaient exploités par plusieurs compagnies plus malheureuses les unes que les autres.

Un jour que Garcia, le fameux Espagnol, le brillant Garcia de la première manière avant la police correctionnelle, lui avait gagné soixante mille francs, le directeur d'alors prit ses derniers six francs, acheta une clarinette, et demanda l'emploi d'aveugle sur le pont de Monaco. L'Espagnol s'empressa de perdre son argent, et l'administrateur conserva la vue.

C'est également sous le règne du prédécesseur de M. Blanc que se passa l'histoire que je vais avoir l'honneur de vous conter.

Un beau matin vint s'installer à la table de roulette un hercule de Marseille, qui levait à bras tendu l'homme le plus fort de la société.

L'hercule jouait avec une déveine marquée.

Lorsque sa vingtième pièce de deux francs eut disparu sous le râteau du croupier, l'hercule donna un si violent coup de poing sur la table, que les rouleaux d'or, les billets de banque et les croupiers sautèrent en l'air.

Un commissaire, chargé du maintien de l'ordre dans les salons, s'approcha, et invita l'homme fort au calme et à la modération.

L'hercule de Marseille prit le fonctionnaire par le collet, et lui trempa le nez dans le cylindre en plein zéro.

On juge de l'émotion que cette violence provoqua.

Les domestiques accourent... l'hercule les jette sous la table du trente-et-quarante.

On commence par sauver la caisse... puis on bat le rappel.

Au son guerrier du tambour, les six soldats — car ils n'étaient que six à cette époque — arrivent au pas de charge.

Le gouverneur est à leur tête.

— Soldats! voici l'ennemi! crie le gouverneur en tirant son sabre et montrant l'homme fort.

L'armée croise ses six baïonnettes.

— Ah! ah! mes agneaux! s'écrie l'hercule, nous allons donc rire!

D'un mouvement vigoureux il arrache de la terre un oranger, et fait le moulinet.

L'armée recule.

— Soldats! crie le gouverneur, vous n'êtes donc plus les premiers soldats du monde? En avant!

L'armée se concentre derrière un olivier, se déploie ensuite... et marche en avant.

L'oranger siffle en l'air... deux soldats tombent sur le dos.

— A vous autres maintenant! hurle l'athlète.

Le gouverneur, en présence de ce redoutable ennemi, juge prudent de ne pas sacrifier inutilement les forces du pays, et ordonne à son armée de se replier en bon ordre et de prendre position sur les hauteurs d'où l'on peut surveiller les mouvements de l'ennemi.

La nuit survient et met fin au combat.

Sur la montagne, on aperçoit le gouverneur et ses quatre hommes campant autour des feux d'un bivouac.

Dans la plaine, l'hercule s'installe et fait griller des pommes de terre.

Ainsi se passe la nuit, dans le calme et dans l'attente.

Mais l'hercule occupait l'entrée de la maison de jeux et menaçait de ruiner l'établissement.

Dans ce moment critique, le gouverneur prit un parti extrême.

Sur son ordre, un soldat attacha un mouchoir blanc à son fusil, et s'avança en parlementaire.

Une heure après, les négociations étaient terminées.

L'hercule reçut une indemnité de cinq cents francs, en échange de laquelle somme il s'engageait à retourner immédiatement à Marseille.

On lui compta vingt-cinq louis... Il traversa le front haut l'armée de Monaco qui lui présentait les armes, et tendant la main au gouverneur :

— Adieu! mon vieux, dit l'hercule, et sans rancune!

Après le départ de l'ennemi, les troupes de Monaco firent une entrée triomphale dans la ville, aux acclamations des sept cents habitants de la principauté qui s'étaient groupés sur le passage du brillant corps d'armée.

Quant à l'hercule, on ne l'a plus jamais revu.

X

LA DYNASTIE DES ROTHSCHILD

Et tout d'abord je dois demander pardon aux lecteurs de mon extrême indiscrétion, car je prends la liberté de lui recommander un jeune homme digne de tout son intérêt.

Celui dont je parle porte un nom connu et honorable... Il débute dans la vie, plein de confiance et d'espoir ; à la dernière rentrée des tribunaux, il a prêté son serment d'avocat... mais ce n'est pas tout.

C'est un avocat sans clients, et j'engage ceux de mes lecteurs qui auraient des différends à vider au Palais, à s'adresser à mon jeune protégé, qui demeure rue Taitbout et s'appelle :

M° NATHANIEL-JAMES-ÉDOUARD DE ROTHSCHILD.

Ce jeune avocat, qu'une vocation sérieuse entraîne vers le barreau, est âgé de vingt-deux ans.

Il se recommande par un zèle au-dessus de tout éloge, et, loin de demander des honoraires pour mener un procès, il est en position de faire des avances à ses clients.

Le baron Édouard est fils du baron Nathaniel, et le petit-fils et filleul du baron James de Rothschild.

Mᵉ Édouard, qui a au moins trouvé douze cents francs de rente dans son berceau, n'a pas oublié que, dans sa famille, il n'est pas permis de dépenser sa fortune dans l'oisiveté, et, comme ses goûts personnels l'éloignaient de la finance, il a endossé la robe de l'avocat.

Ce jeune homme n'a connu qu'une seule douleur dans sa vie, mais celle-là compte pour toutes les autres.

Depuis sept ans, son père est cloué dans son fauteuil. Le baron Nathaniel est aveugle et paralysé.

Le baron Nathaniel est à la fois neveu et gendre du baron James de Rothschild ; il a épousé la fille du grand financier, et de cette union sont nés deux fils, dont l'aîné est l'avocat d'hier.

Le baron James de Rothschild, chef de l'illustre famille, qui a, rue Laffitte, une des meilleures maisons de commerce de Paris, est âgé de soixante-treize ans, et, ma foi, il supporte assez vaillamment le poids des années ; car jusqu'à ce jour il n'a pas encore pu se décider à céder son fonds à ses enfants.

Il est resté à tous égards le maître de la maison.

Sa volonté domine chez lui, et ses deux fils, Alphonse et Gustave, ne sont que les secrétaires d'État qui reçoivent les ordres de leur père et maître, Sa Majesté James Ier, qui, non-seulement est le roi des millions, mais qui a encore des millions pour les rois.

Le baron James a épousé la fille de son frère Salomon, car les Rothschild ne s'allient qu'entre eux.

Une des rares exceptions a été le mariage du baron Gustave, qui, on le sait, a épousé mademoiselle Anspach, fille aînée du conseiller à la Cour de cassation.

Mademoiselle Anspach a apporté à son mari une dot de 500,000 francs.

Le soir même où le baron Gustave a conduit sa jeune épouse à son hôtel, il lui a dit en lui tendant un petit paquet :

— Refuserez-vous à votre mari la première prière qu'il a le bonheur de vous adresser ?

— Assurément non !

— Eh bien ! faites-moi la grâce de reprendre ce demi-million, et de l'ajouter à la dot de votre petite sœur.

Voilà le cas que l'on fait d'un demi-million chez les Rothschild.

On croit généralement que ce ne sont que des hommes d'argent.

Erreur : ce sont des hommes de travail et de cœur !

Il y a de cela deux ans, pour un motif qui importe peu au lecteur, j'avais demandé une audience au baron James ; elle me fut accordée pour le lendemain, à huit heures du matin.

Il ne m'arrive pas souvent de me lever à sept heures du matin en plein hiver, au mois de janvier, quand la neige s'amoncelle à nos fenêtres.

Je m'acheminai donc vers la rue Laffitte.

A huit heures cinq minutes, j'eus l'honneur d'être reçu par le baron, que je trouvai dans son cabinet, frisé, pommadé, en cravate blanche et en habit ; il prenait son thé tout en donnant des ordres à son secrétaire, M. Benari, un tout jeune Prussien, qui est arrivé à Paris sans le casque de fusilier, et qui, en quelques années, s'est fait une position importante chez le baron de la rue Laffitte.

M. James de Rothschild, qui pourrait assurément

vivre de sés rentes, est, malgré ses soixante-treize ans, un des hommes les plus actifs de Paris.

Il se lève à six heures du matin, et, tandis que Félix, son valet de chambre, rase et habille son maître, M. Boudeville, l'excellent professeur de déclamation, lit au baron tous les journaux du matin.

Quand M. de Rothschild est de bonne humeur, son lecteur, homme très-répandu dans les théâtres, fait son petit rapport sur les bruits de coulisses.

A huit heures, M. de Rothschild ouvre son magasin.

Son secrétaire arrive, et l'on procède au dépouillement de la correspondance particulière du baron, qui reçoit chaque jour à peu près deux cents demandes de secours de tous les pays.

Chaque lettre est lue avec soin ; le baron y fait ajouter des notes, et on n'a pas d'exemple d'un malheureux qui ait en vain tendu la main vers la rue Laffitte, car après le plaisir de gagner de l'argent, le baron Rothschild ne connaît pas de plus grande jouissance que d'en donner.

Voilà une journée bien commencée, je pense.

A huit heures et demie arrive le secrétaire, et sous les ordres de son maître, le jeune Prussien se livre à des calculs impénétrables pour un simple homme de lettres, et qui ont pour but de combiner les mouvements des différentes Bourses du monde.

Ce travail terminé, le secrétaire se retire, et le baron, qui vient de gagner son pain quotidien, songe à dépenser le superflu. C'est à cette heure qu'il reçoit les marchands de tableaux et de curiosités, qui sont chargés de découvrir des objets rares pour la merveilleuse galerie du château de Ferrières, car le baron de Rothschild est un des collectionneurs les plus acharnés de Paris.

Quand on vend chez les commissaires-priseurs un simple chandelier de faïence pour la modique somme de vingt mille francs, vous pouvez être sûr que vous le retrouverez le lendemain dans la collection de M. de Rothschild.

A onze heures, le baron James descend dans ses bureaux, et, sauf une heure, je crois, pour le déjeuner, il y reste jusqu'à six heures ; alors il va faire sa partie de whist au club.

Malgré sa constante déveine au jeu, le baron n'a jamais été tout à fait décavé ; homme d'ordre avant tout, il ne dépasse jamais la mesure de ses moyens.

A huit heures du soir, le dîner réunit toute sa famille à table.

Le règne du baron est fini, et celui de la baronne James commence. C'est alors qu'on peut admirer toute l'étendue du bonheur de M. de Rothschild.

La Fortune, non contente de mettre du foin dans les bottes et même dans les pantoufles du baron, lui a fait trouver encore dans sa famille une épouse qui est la plus élégante maîtresse de maison et une femme d'une intelligence supérieure.

La baronne James de Rothschild, dont l'esprit égale la bonté, possède une rare instruction, et les lettres qu'elle échange avec ses amies sont des petites merveilles de grâce, de goût et de style.

Parmi les hôtes les plus assidus et les plus respectueux de ses salons, il faut citer M. Thiers et le général Changarnier.

Quelquefois, au dessert, le baron s'échappe pour aller applaudir au petit théâtre de la rue de la Tour-d'Auvergne les élèves de son lecteur, M. Boudeville; mais, quelle que soit l'heure à laquelle il se couche, M. de Rothschild est debout le lendemain à sept heures.

Certes, cette activité est admirable de la part d'un homme de cet âge.

Mais aussi quelle agréable profession!

Allez! si pour commencer sa journée le baron était forcé d'écrire ma biographie, il se retournerait peut-être dans son lit pour oublier, dans un supplément de sommeil, que le métier d'homme de lettres ne vaut pas celui de millionnaire.

Le baron de Rothschild, qui passe pour un homme *raide* en affaires, n'est au fond qu'un bourru bienfaisant.

Quand il lui arrive de traiter légèrement et brusquement un boursier qui vient lui demander des ordres, la fortune de cet homme est faite, car le lendemain le baron panse la blessure avec ce baume qui a nom le courtage.

Mais, une fois sorti de son cabinet et affranchi du poids des affaires, M. de Rothschild est toujours et partout l'homme le plus poli, le plus gracieux et le plus accessible de Paris.

Il connaît, il aime les artistes et les écrivains.

L'automne dernier, à un dîner officiel, il rencontra un peintre célèbre :

— Eh bien ! comment allez-vous ? demanda le financier.

— Très-bien, monsieur le baron.

— On ne vous voit plus ; venez donc un de ces jours tirer quelques coups de fusil à Ferrières.

— Monsieur le baron, répondit le peintre, j'aimerais mieux tirer sur vous une traite de dix mille francs.

— Soit ! répondit M. de Rothschild, mais pour la fin du mois alors, mon échéance du 15 est très-surchargée.

M. de Rothschild a un troisième fils dont je n'ai pas encore parlé.

Le jeune baron Edmond a vingt ans à peine. Au mois d'août, il a passé son premier examen de droit, et j'ai eu l'honneur de lui être présenté, en Normandie, par son ancien précepteur, M. Alfred Meyrargues, un homme de beaucoup de talent et d'esprit, capable de faire l'éducation des plus malins boursiers, après avoir fait celle de son brillant élève.

Car je dois ajouter que le baron Edmond est un jeune homme très-instruit, très-aimable et surtout très-spirituel.

Et je vous jure que pour dire de lui tout le bien que je pense, je n'ai jamais reçu qu'un cigare.

Il est vrai qu'il était excellent; mais je ne vendrais pas ma plume à ce prix-là!

Voilà en quelques lignes une esquisse de la maison Rothschild.

Si ces trois fils ne suffisaient pas au bonheur du baron James; si, un jour ou l'autre, il lui venait l'idée d'en adopter un quatrième, qu'il se souvienne de moi.

Je serais si heureux de pouvoir l'appeler: PAPA!

XI

LES BALS MASQUÉS DU BOULEVARD DE L'HOPITAL

C'était le soir du mardi gras.

Nous dinions dans un cabinet du Café Anglais ; au dessert, un jeune médecin de mes amis me dit :

— Voulez-vous venir au bal masqué?
— A l'Opéra?
— Non, plus loin.
— Au Casino-Cadet?
— Plus loin encore !
— Où donc?
— Vous le saurez; venez!

Nous montâmes en voiture, et le coupé se dirigea vers la Bastille.

A la hauteur de la porte Saint-Martin, je dis à mon compagnon :

— Voyons, dites-moi enfin où nous allons.

— Vous le saurez dans un quart d'heure.

— Quelle folie! m'écriai-je.

— Tiens! fit le docteur, vous avez deviné. Je vais vous conduire aux bals masqués de la Salpêtrière... Avez-vous peur?

— Allons donc!

La vérité est que je frissonnais... Enfin nous arrivâmes au boulevard de l'Hôpital; le fiacre s'arrêta devant la Salpêtrière... et nous pénétrâmes dans l'hospice où la charité municipale donne l'hospitalité à seize cents folles et à trois mille pauvres vieilles femmes.

— Entrons! dit mon compagnon.

On nous fit traverser quatre cours désertes... pas une lumière aux fenêtres des nombreux bâtiments.

La raison dormait... la folie dansait plus loin.

Arrivés dans la cinquième cour, mon guide me dit:

— C'est ici!

J'avoue franchement que j'eus un moment d'hésitation.

La grande cour dans laquelle nous nous trouvions était déserte comme les autres... le premier étage d'un corps du bâtiment était éclairé *à giorno*.

J'entendis les sons d'une musique fantastique.

Un piano, un tambour de basque et un triangle composaient cet étrange orchestre.

Le tambour de basque dominait les accords des deux autres instruments.

On eût dit une fête de sauvages dans le château de la Belle au bois dormant.

— Entrons, dit notre guide.

Je ne sais si j'éprouverai jamais une aussi pénible sensation. Il est impossible, en tout cas, d'en ressentir une plus violente.

Il me semblait qu'on allait me demander de laisser ma raison au vestiaire.

Je saisis le bras de mon guide... je fermai les yeux, et j'entrai.

— Regardez donc ! me dit mon ami.

Nous nous trouvions dans une longue salle décorée avec un certain luxe. Les murs étaient couverts de draperies blanches bordées de crêpe rose. Les nombreux lustres étaient surchargés de guirlandes de fleurs artificielles.

Et aux sons de la mélancolique musique dont je viens de parler dansaient deux ou trois cents femmes dans des costumes fantastiques.

Les unes étaient déguisées en pierrots, en pages, en mousquetaires.

C'étaient les gardiennes.

Les autres s'étaient fait des costumes avec des chiffons.

C'étaient les folles.

Et puis, au milieu d'elles, les enfants des employés sautillaient à travers ces quadrilles; la raison naissante faisait vis-à-vis à la raison éteinte.

Sur des banquettes adossées aux murs était assise la galerie des vieilles folles, qui regardaient danser les autres.

On nous montra une aliénée que ses compagnes considéraient avec un certain respect. Elle avait couvert ses vêtements de bandes de papier doré; sur la tête elle portait une couronne.

— Dansez donc, mon enfant, lui dit la surveillante avec une extrême bonté.

— Allons donc! fit-elle avec un geste de tragédienne.

— C'est une pauvre idiote que l'ambition a conduite ici, nous dit la surveillante. Elle se figure que les libraires viennent lui demander des romans.

La pauvre folle se leva, et traversa le quadrille avec la fierté d'une reine.

Les idiotes la regardaient passer avec respect. Toutes s'inclinaient sur son passage; à la Salpêtrière cette malheureuse a trouvé la gloire, à la recherche de laquelle sa raison s'est égarée.

Je ne pus m'empêcher d'établir une comparaison entre ces pauvres idiotes et les folles de contrebande que l'on nous montre au théâtre.

Là-bas, des jeunes filles maquillées qui roulent des yeux effarés sur un léger trémolo de M. Artus.

Ici, des yeux sans expression, des corps sans âmes, des regards éteints...

On ne saurait se faire une idée de l'immense tristesse qui régnait dans ce bal.

Deux ou trois cents masques qui se démènent, et pas un éclat de rire... pas un cri joyeux... rien que les sons du tambour de basque... et des corps sans volonté qui tournaient sur eux-mêmes.

Dans un coin de la salle était dressé le buffet.

Après le quadrille, les masques allèrent se rafraîchir! On leur offrait du lait, de la limonade et des oranges.

On voit que la fête était complète.

Nous étions déjà familiarisés avec la folie. Un quart d'heure avait suffi pour chasser toute tristesse, et, chose curieuse, ce qui nous avait fait tressaillir un instant auparavant nous faisait sourire maintenant.

Quand la douleur est épuisée... le sourire revient.

L'indifférence des filles de service dansant avec les folles, qui nous avait frappés douloureusement, nous paraissait toute naturelle.

On s'habitue à tout.

— Vous aimeriez sans doute mieux aller danser à l'Opéra? demandai-je à l'une des surveillantes.

— Pas du tout, monsieur, fit-elle, nous nous amusons beaucoup. Mais monsieur devrait aller au bal de l'autre section, c'est bien plus *drôle* qu'ici.

— Ah?

— Oui, monsieur, vous ne vous figurez pas combien on s'amuse à la section X... De tout temps, cette section a eu les plus beaux bals de la maison.

— Allons à la section X !

Il faut dire au lecteur que l'administration de la Salpêtrière fait, une fois par semaine, danser ses pensionnaires.

C'est une récompense pour celles qui se conduisent bien. L'exclusion de la danse est la punition des autres.

Trois bals masqués ont lieu chaque année : le Dimanche-Gras, le Mardi-Gras et à la Mi-Carême.

Les bals masqués sont des événements dans la maison.

On donne aux folles des vieux morceaux d'étoffes, quelques plumes et du papier doré, et pendant le mois qui précède ce bal, elles confectionnent leur costume sous la direction de la surveillante.

Les sections rivalisent entre elles pour la décoration de leurs salles de bal.

La section X... l'emporte sur toutes les autres, parce qu'elle compte au nombre de ses pensionnaires une ancienne couturière célèbre qui préside à l'arrangement des costumes.

LE PLUS BEAU BAL DE LA MAISON

La fille de service avait dit vrai.

La section X... a le plus beau bal de la maison.

La grande salle est étincelante de lumière et de fleurs.

Les murs sont tendus de draperies aux couleurs riantes. Les colonnes d'appui sont entourées de crêpe rose et bleu... Le plafond est couvert de tulle bleu constellé d'étoiles d'or ou d'argent. Une estrade couverte d'un tapis est dressée pour la surveillante et ses amis.

Le buffet est bien garni et les rafraîchissements circulent dans la salle.

On s'*amuse* ici.

D'abord les servantes sont en plus grand nombre et animent la danse; un orgue à orchestre fait retentir les accords du quadrille de *la Belle Hélène.*

Et puis, parmi ces folles, il est une ancienne comédienne, qui est la gaieté de la réunion. Dans un costume de marquis du temps de Louis XV, elle folâtre de masque en masque, pince la taille aux unes, adresse un compliment aux autres ; elle est vive, enjouée, communicative, étourdissante de démence. Elle offre le bras à une pauvre idiote que l'excès de la sensualité a conduite ici. La cause de sa folie surnage encore dans le désordre de ses idées... Elle se promène avec un légitime orgueil au bras du faux marquis, et nous dit en passant :

— C'est mon petit mari.

Dans un coin de la salle, une femme montée sur un tabouret, joue du violon sur son bras gauche... une baguette lui sert d'archet. Ses mains se crispent en appuyant sur les cordes imaginaires, et du petit doigt elle semble vouloir faire vibrer la chanterelle !

Jusqu'ici, rien d'étonnant de voir une folle jouer ainsi d'un instrument imaginaire ; mais, chose surprenante, cette fantastique virtuose trouve un auditoire de folles, et les places, au premier rang, sont très-disputées et très-enviées.

Ce spectacle est navrant !

Une vieille idiote parcourt la salle... Elle est déguisée en chiffonnière; mais, du bâton qu'elle porte à la main, on a prudemment éloigné le crochet, qui pourrait devenir une arme dangereuse.

La surveillante jette complaisamment sur son chemin des petits morceaux de papier, que la pauvre vieille fait semblant de ramasser avec son crochet.

Une fille de service, déguisée en sorcier, nous disait :

— N'est-ce pas, monsieur, que notre chiffonnière est drôle ?

— Oui !

— Oh ! elle est bien *farce*.... mais si vous l'aviez vue, dimanche.... il y avait de quoi mourir de rire.

— Pourquoi ?

— Nous l'avions déguisée en ramoneur.

Les médecins de service avaient envoyé du champagne à la section X... pour les servantes.

On entend sauter les bouchons à travers les joyeuses mélodies de *la Belle Hélène*.

Les masques s'agitent.... Le marquis fait des sauts impossibles..... la chiffonnière danse avec beaucoup d'entrain... la folle hystérique embrasse son *mari*, et l'orchestre lui répond : *Le roi Barbu qui s'avance*... Les gardiennes enlacent leurs dames. La raison entraîne la démence dans le tourbillon de la danse, et, au milieu de la foule turbulente, on distingue le génie de la maison.... une servante déguisée en Folie !

C'est horrible.

Le visiteur se demande si c'est la raison qui fait danser la folie, ou la démence qui reçoit la raison.

Les intelligences se confondent avec les cerveaux vidés. Le costume qui est de *rigueur* établit une triste égalité entre les folles et leurs gardiennes, et, au milieu de ces groupes de joyeux masques, on distingue la tenue sévère de la surveillante toute de noir habillée, qui se promène à travers ce beau bal, comme une mère en deuil qui pleure la raison absente de ses enfants.

Nous ne saurions assez louer l'extrême bonté avec laquelle les surveillantes traitent ces créatures déshéritées.

Quelques douces paroles suffisent pour arrêter les trop grands écarts de la folie.

Une de ces pauvres idiotes, réprimandée par la surveillante, se jette dans ses bras et l'embrasse avec effusion.

On nous montre une toute jeune fille qui a des accès de démence de loin en loin.

En ce moment, elle avait toute sa raison.

— Oh ! nous dit-elle avec une tristesse étrange,

je pourrais sortir si je voulais; mais à quoi bon ? On me ramènerait plus tard.... Je n'ai pas de famille; et, ici, tout le monde est si bon pour moi ! et moi aussi, j'aime tout le monde !.... Je me rends utile... et puis, on a des moments de bonheur.....

— Lesquels ?

— Dame ! Quand une de mes compagnes est malade, c'est moi qui la soigne.

Cette sublime phrase, qui résume le génie de la femme, était dite avec une simplicité touchante. Le marquis vint prendre cette chère pauvre enfant et l'entraîna à la danse.

L'orgue jouait le quadrille d'*Orphée aux Enfers*.

Les vieilles, assises sur les banquettes, ne bougeaient point. Elles étaient là, deux fois écrasées et par la folie et par l'âge.

Elles ne semblaient rien comprendre à ce qui se passait autour d'elles. Leurs yeux éteints contemplaient ce curieux spectacle, et pas un muscle de leur visage ne se contractait.

On eût dit des momies rangées le long du mur pour faire nombre.

Dans le *beau bal*, comme dans l'autre, des enfants déguisés se mêlaient aux groupes.

Les uns, filles et garçons des employés de la maison, s'amusaient avec l'insouciance de l'enfance, sans se rendre compte dans quel milieu leurs parents les avaient conduits.

Les autres, pauvres petites folles, remuaient leurs petites jambes et leurs petits bras. Leurs grands yeux sans expression ne trahissaient aucune émotion : ni joie, ni douleur. . . . . ,

. . . .

Quelques instants après, nous étions dans la grande cour.

Mon ami ne disait mot.

Il était livide et il me semblait entendre ses dents s'entre-choquer dans le frisson de la fièvre.

Quant à moi, je regardais le ciel bleu, constellé d'étoiles, où la croyance du peuple fait résider les âmes envolées.

XII

SOUVENIRS D'UN DÉCAVÉ

Première Conférence a Tortoni.

Ce jour-là Paris me semblait hideux.

Les boulevards étaient envahis par une foule étrangère.

J'avais fait un tour au Bois, où le musée Campana des femmes parisiennes était exposé autour du lac.

C'était navrant !

Une heure après j'étais au chemin de fer. Je courais à la recherche de l'imprévu.

J'avais quitté Paris à cinq heures du soir, et après une nuit atroce en chemin de fer, je me trouvais à Cologne.

Les bords du Rhin n'existeront plus dans deux

ou trois ans : les jolis petits villages qui se reflétaient dans les flots disparaissent peu à peu ; les anciennes masures du moyen âge s'écroulent ; et de tous les côtés on construit des habitations modernes avec écurie, remise et salle de billard. Il faut se dépêcher de voir le vieux Rhin ; en cherchant bien, on trouvera encore par-ci par-là un village allemand, une petite maisonnette perdue dans les vignes, un peu d'architecture originale et des étroites fenêtres dont Barrière a dit : « Il y a tout juste de la place pour passer un baiser. »

Dans deux ou trois ans, le Rhin ne sera plus qu'une succursale du lac d'Enghien. Les petites dames de Paris y feront bâtir des palais d'été à la place des vieilles demeures des burgraves.

J'ai passé la première nuit dans un modeste village.

Après mon dîner, je vis entrer chez moi un grand jeune homme au teint blême, à la longue chevelure ; il portait une redingote en velours ornée de nombreux brandebourgs, et me tint ce langage :

— Monsieur daignera-t-il prendre un billet pour le concert que je donne dans une heure ?

— Quel concert ?

— Je suis virtuose, monsieur !... J'ai remporté au Conservatoire de Mayence le premier prix d'accordéon.

— D'accordéon ?

— Oui, monsieur !... En hiver, je suis professeur d'accordéon à Mayence ; et en été, je donne des concerts dans les environs ; je compose aussi...

— Ah ! vous composez ?

— Oui, monsieur, et si vous voulez me faire l'honneur d'assister à mon concert, je vous ferai entendre des variations sur *la Marseillaise*.

— Sur votre accordéon ?

— Sur mon accordéon. J'ai joué ces variations, l'hiver dernier, dans mon concert annuel, à Mayence, et j'ose dire que j'ai obtenu un beau succès.

Étais-je assez puni d'avoir renié Paris dans un moment de mauvaise humeur ? J'avais fui une ville où les lions sont doux comme des moutons, et j'étais tombé dans un pays où les musiciens jouent *la Marseillaise* sur un accordéon !

J'assistai néanmoins au concert du professeur. Il eut lieu dans une petite salle de mon hôtel. L'auditoire se composait de quatorze personnes, parmi lesquelles se trouvait le bourgmestre en pantoufles. Le prix d'entrée était fixé à cinq sous, ce qui donna une recette totale de trois francs vingt-cinq centimes pour treize personnes ; car la quatorzième, M. le bourgmestre, était munie d'un billet de faveur.

Après quelques morceaux insignifiants, le professeur d'accordéon passa la main dans sa chevelure et joua ses variations sur *la Marseillaise.*

Quand son horrible instrument eut poussé le dernier cri, le virtuose salua son public, et il allait se retirer, quand le bourgmestre, qui éprouvait le besoin d'encourager les arts, lui fit signe d'approcher.

— Le dernier morceau a été très-remarquable! dit-il.

— C'était *la Marseillaise.*

— Je le sais bien, dit le fonctionnaire.

Et pour mieux prouver ses connaissances musicales, il ajouta :

— C'est superbe! Quel homme de génie que ce Beethoven!

. . . .

Pour avoir une idée des chemins de fer du duché de Nassau, il faut avoir voyagé dans cet étrange pays. On devrait appeler les wagons du duché des diligences à vapeur. Le progrès a imposé ses chaudières à la Confédération germanique, mais il a oublié de doter le pays de conducteurs *ad hoc*. Les employés du chemin de fer sont tous d'anciens postillons, qui se croiraient déshonorés s'ils faisaient plus de trois lieues à l'heure. D'aucuns parmi ces braves gens ont conservé le fouet, qu'ils font claquer de temps en temps par un reste d'habitude de l'ancien temps; on a beau leur dire que les maîtres de poste sont en non-activité de service, et qu'il n'y a plus de relais en route, ils vous répondent que jamais, et à aucun prix, ils ne consentiraient à renier le fouet de leurs pères.

Et puis tout cela se passe en famille; pour un oui, pour un non, le train s'arrête, pour peu que le machiniste ait envie de boire un coup au cabaret. Je crois même qu'il fait des commissions en route.

J'ai eu l'honneur de voyager dans le même train avec un personnage très-important.

On l'appelait M. le procureur, et je pense qu'il datait du dix-huitième siècle. Ce gros bonnet du duché excitait l'admiration universelle sur son passage. Il distribuait des poignées de main et récoltait des coups de chapeau : Monsieur le procureur par-ci! Monsieur le procureur par-là!

— Conducteur, pourquoi ne partons-nous pas?

— Dans un instant, Monsieur.

— Mais nous sommes en retard.

— Ça ne fait rien.

— Comment! cela ne fait rien?

— Nous partirons aussitôt que M. le procureur sera prêt.

— Et où est-il votre procureur?

— Il prend son absinthe au buffet.

Enfin, le procureur reparut. Il avait le teint coloré d'un homme qui ne s'était pas contenté d'un seul verre d'absinthe. Mais il daigna monter en voiture... la locomotive siffla... les anciens postillons firent claquer leur fouet, et nous continuâmes notre route.

A la station suivante, le procureur continua ses exercices.

Au moment où le train allait se remettre en route, il fit signe au conducteur d'arrêter.

Le conducteur obéit.

— Allez donc chercher ce monsieur, là-bas, dit-il.

— Le monsieur aux lunettes vertes?

— Lui-même.

Cinq minutes après, le conducteur revint avec les lunettes vertes ornées d'un homme.

— Eh, monsieur le bourgmestre ! s'écria le procureur, approchez donc !

Le maire avança en saluant.

— Cher bourgmestre, dit le procureur avec cette familiarité qui sied si bien aux employés supérieurs, j'allais vous écrire pour vous dire que je ne m'oppose point à la réunion électorale dans votre village. Qu'y a-t-il de nouveau chez vous ?

— Pas grand'chose. Notre fête des gymnastes aura lieu dimanche prochain. Monsieur le procureur nous fera-t-il l'honneur d'y assister?

— Peut-être, cher bourgmestre.

— Je cours informer le village de ce bonheur inattendu, monsieur le procureur.

— Et madame votre épouse va bien?

— Très-bien, monsieur le procureur.

— Et vos enfants?

— Je les élève dans le respect de Dieu et du gouvernement.

— Très-bien, très-bien !

Le procureur rentra dans son coupé, et nous partîmes.

Tout alla bien aux quatre stations suivantes, mais à la cinquième, le procureur éprouva le besoin de manger une tranche de jambon : ce qui nous mit encore en retard de douze minutes.

Cette fois, c'était trop fort!

— Ah çà! conducteur, dis-je à l'ancien postillon, si votre procureur se nourrit à toutes les stations, nous n'arriverons jamais.

— Silence! fit le conducteur, s'il vous entendait !

— Et après? Sachez que je me moque de tous les procureurs réunis, et je vous autorise à le leur dire de ma part!

A ces mots, le conducteur devint blême; il me regardait avec une certaine compassion, et semblait vouloir me dire :

— Insensé! arrêtez-vous! vous avez déjà un pied sur l'échafaud!

En ce moment, le procureur revint avec un reste de sandwich à la main.

— Eh bien ! partons-nous enfin? m'écriai-je.

— Encore un petit instant, dit le conducteur.

— Mais qui attendez-vous encore?

— J'attends la blanchisseuse de Moosbach, qui va porter son linge à Wiesbaden.

Cette dernière explication me suffisait. Je jugeai inutile d'en demander d'autres.

A Wiesbaden, M. le procureur fut reçu à la gare par un domestique, que je soupçonne fort d'être l'homme pétrifié qu'un industriel a tout dernièrement exposé dans une boutique déserte du boulevard Saint-Denis; ledit domestique gardait un carrosse, dont on ne voit le pendant que sur les tableaux flamands du dix-septième siècle, et ledit carrosse était traîné par deux chevaux d'une maigreur telle qu'il ne fallait pas un bien grand talent d'observation pour voir que le procureur se nourrissait trop bien, et qu'il ne nourrissait pas assez ses coursiers.

Il me semble inutile de m'arrêter à une description de la ville de Wiesbaden. C'est une des nombreuses cités allemandes où fleurit le Trente-et-Quarante, cités peintes et maquillées, dont Cham, l'étourdissant crayon du *Charivari,* a dit : « Ce sont des villes entretenues. »

On chercherait en vain un mot plus juste et plus frappant pour résumer l'aspect des villes d'eaux de l'Allemagne. Les petites maisons roses et vertes rivalisent de coquetterie pour attirer les étrangers; elles affichent une élégance qui n'est pas dans les mœurs des habitants; comme on devine la fille d'une portière sous une robe de six mille francs, on devine ici une pauvre ville de province sous le maquillage des habitations. Ce ne sont plus des villes allemandes; elles n'ont aucun caractère, aucun aspect spécial; on ne sait dans quelle catégorie les classer.

Une ville d'eaux est un immense hôtel, et chaque habitant est un domestique. Le premier bourgeois qui passe brossera vos habits pour gagner un demi-florin, et le premier prince venu trinquera avec les croupiers pour encaisser dix mille florins de plus.

Je recommande surtout à l'attention des voyageurs un particulier qui, sous les galeries du Casino, exerce le grand art de fabricant de roulettes. Il en a de toutes les dimensions pour toutes bourses, et j'ai trouvé un plaisir extrême à le voir travailler dans sa boutique. Il avait sur sa table de travail un cylindre auquel il donnait la dernière touche du maître. Déjà les rouges et les noires se découpaient sur le bord, les numéros se détachaient bien, il ne manquait que le zéro. L'artiste en roulettes, reculant de quelques pas, mit la main au-dessus des yeux pour mieux juger l'ensemble de l'œuvre sans être troublé par les rayons du soleil, avança, recula encore, avança de nouveau, et, d'une main légère et sûre, dessina un zéro superbe. Il parut enchanté de son œuvre, car un agréable sourire de contentement errait sur ses lèvres, et j'attendais le moment où il allait ajouter au bas : *Schlagman pinxit*. Mais cet artiste distingué dédaigne la renommée : il fait des roulettes, non pour obéir à la vanité, mais par goût, et parce qu'il est poussé par une voix intérieure qui l'engage à travailler pour le bien de l'humanité. Voilà assurément une carrière bien remplie.

C'est à Wiesbaden que j'ai vu fonctionner une des institutions les plus admirables de ce temps :

LA CONTRE-BANQUE DE KŒPP ET LÉVIN.

Ces messieurs ont émis à la Bourse de Berlin mille actions de cent thalers : ce qui fait un capital social de trois cent soixante-quinze mille francs.

Kœpp, comme fondateur de la société, est nourri, logé, blanchi, et touche trente pour cent sur les bénéfices.

Lévin a une part égale à celle de son chef de file.

Le reste — moins les frais généraux — doit être partagé entre les malins qui ont versé l'argent.

La société joue une martingale contre le coup de sept en partant de deux florins.

Au huitième coup, ils mettent vingt frédérics à la couleur gagnante, et disent ensuite moitié à la masse jusqu'à extinction de la série.

Donc, ils ne craignent que la série de sept purement et simplement. S'ils perdent le coup de vingt frédérics, ils recommencent la martingale de deux florins.

Voilà le système.

La contre-banque est d'ailleurs admirablement organisée.

Kœpp et Lévin ont installé une administration complète à Wiesbaden : caisse en fer, comptables, garçons de bureau, et même un guichet spécial avec cette inscription fantastique : CAISSE DES DIVIDENDES.

A onze heures du matin, quand les employés de la banque *posent* la table de Trente-et-Quarante, on voit arriver ces messieurs de la contre-banque.

Ils sont au nombre de cinq.

Le directeur Kœpp, grand, imposant, froid... le coup d'œil de l'aigle.

L'administrateur Lévin, petit, remuant, bavard... un Gascon prussien.

Deux teneurs de livres, munis de tout ce qu'il faut pour écrire.

Un employé français, spécialement chargé de faire manœuvrer les masses et de prendre la parole dans les circonstances graves.

Kœpp pose alors sa contre-banque...

Tant de frédérics... tant de louis... tant de billets... tant de florins.

Total six mille francs.

Et Lévin dresse procès-verbal de l'opération, comme s'il avait envie d'en rendre compte à ses actionnaires. C'est merveilleux.

Pendant ce temps l'un des quatre hommes s'installe à la table et tire de sa poche un étui en maroquin.

On croit qu'il va jouer de la flûte et demander une augmentation à M. Perrin.

Point.

L'étui s'ouvre, et l'on aperçoit un râteau portatif qui se démonte et que l'on peut mettre dans son habit quand on va dîner en ville, un joli râteau en ébène garni d'argent, quoi! le râteau de son père !

Attention ! le jeu commence.

Le directeur commande la manœuvre :

— Deux florins à rouge !

L'homme au râteau avance la pièce, les deux teneurs de livres inscrivent le coup et l'inspecteur Lévin contrôle le point.

Lorsque la société gagne, Lévin, qui considère Kœpp comme le Victor Hugo du Trente-et-Quarante, s'écrie :

— Quel homme ! quel homme !

Et Kœpp le remercie d'un de ces regards qui en disent plus long que toutes les protestations d'amitié.

C'est le directeur de la banque qui fixe la durée de la séance.

Quand il pense que la journée a été suffisamment bonne pour lui, il se lève.

Lévin lui serre la main avec effusion ; les teneurs de livres établissent la balance de l'opération : on compte l'argent ; Lévin dresse un second procès-verbal ; le croupier particulier de ces messieurs — il émarge trois cents florins par mois sur la part des actionnaires — démonte son râteau, et bras dessus, bras dessous, les quatre hommes et le caporal Kœpp s'acheminent vers le cabaret, boivent beaucoup de bière et fument énormément de cigares à la santé de leurs actionnaires.

Voilà trois mois que cela dure, et deux ou trois fois seulement ils ont sauté de leur mise de six mille francs.

Aussi l'administrateur Lévin, qui voit couler le Pactole dans les environs du Kursaal, dit à qui veut l'entendre :

— C'est merveilleux ! Avec un homme comme Kœpp on n'a plus besoin de travailler !

Jusqu'ici il a été fort peu question des actionnaires de Berlin.

Quand, dans le jardin du Kursaal, Lévin aperçoit une figure de connaissance, il tire un paquet de chiffons rouges de sa poche, et s'écrie :

— Hé ! hé ! voilà mes petites actions... elles sont à cent cinquante thalers. Bonne affaire ! bonne affaire !

Kœpp, qui est à la fois directeur et conseil de surveillance, fixe le cours des actions de LA SOCIÉTÉ DE PARTICIPATION.

Le matin, avant de se rendre au Kursaal, il dit à ses associés :

— Mes enfants, si cela vous est égal, nos actions seront aujourd'hui à 150.

Et elles sont à 150.

Ce n'est pas autrement malin.

Lévin a eu le mot de la saison... un de ces mots qui doivent troubler le repos de Robert Macaire.

— Monsieur, me dit-il un jour (car je lui avais inspiré une confiance dont je ne tire aucune vanité), vous qui avez des relations à Paris et qui disposez de quelques journaux, vous devriez vous intéresser à notre entreprise.

— Comment l'entendez-vous?

— Voici! Les statuts de la Société autorisent Kœpp à porter le capital de la Société à deux millions, nous avons donc le droit d'émettre encore une foule d'actions... Elles sont à 150 aujourd'hui... Demandez plutôt à Kœpp... l'affaire est excellente... Si vous voulez faire de la publicité à *la Société de participation*, vous n'aurez pas affaire à des ingrats.

Et, comme je ne répondais point, l'administrateur Lévin m'attira dans un coin, et ajouta :

— Écoutez, cher monsieur, moi je vais droit au but, un service en vaut un autre ; nous ferons grandement les choses : publiez-nous des articles, et je déciderai notre directeur à vous vendre cent actions au PAIR.

Avant de rentrer à Paris, je suis allé noyer mes chagrins dans la mer, à Étretat.

C'est là que j'ai enfin trouvé la veine que je n'avais point rencontrée en Allemagne, car dans ce voyage je n'ai pas gagné un seul coup.

A Étretat, la veine m'est revenue.

Le premier soir, à la toupie hollandaise, j'ai gagné en une séance un pot à tabac et deux porte-allumettes.

Aussi le chef de partie de cette petite banque de faïence m'a lancé un regard inquiet, et m'a dit d'un ton aigre :

— Monsieur ! vous pouvez vous flatter d'avoir un certain bonheur au jeu !

Une simple question à M. le procureur impérial :

— Si j'avais brûlé la cervelle à cet homme, m'aurait-on accordé des circonstances atténuantes ?

XIII

CE QU'ON RACONTE AU GRAND 16

Un type parisien bon à noter en passant, c'est

LA FEMME QUI LANCE LES ACTRICES

C'est une personne d'une cinquantaine d'années, qui gagne deux cent mille francs par an dans son respectable commerce.

Une petite fille qui sort de l'École-Lyrique, de la salle Molière ou de chez Markowski, paraît un soir sur un théâtre.

Son joli minois donne des espérances; il ne s'agit que de mettre la demoiselle en évidence.

Le lendemain, la *lanceuse* d'actrices se présente chez la comédienne pour rire.

— Mon enfant, lui dit-elle, je t'ai loué un amour de petit appartement, rue Taitbout. Tu y trouveras une femme de chambre intelligente. Ton salon est en damas rouge, et ta chambre à coucher est en soie bleue capitonnée ; sur la cheminée de ton boudoir j'ai déposé les bijoux qu'il faut à une jolie fille ; à deux heures, un huit-ressorts viendra te prendre pour te conduire au Bois.

— Mais...

— Ne t'inquiète pas : c'est une affaire de deux cent mille francs payables en cinq années. Te convient-il de rembourser quarante mille francs par an ou dix mille francs par trimestre ? comme tu voudras. Tu vas me signer les lettres de change que voici ; je t'ai ouvert un crédit de trente mille francs chez le couturier dont voici l'adresse, et la modiste te fournira tes chapeaux jusqu'à la somme de douze mille francs ; si cela ne suffit pas, nous aviserons. A propos, Fanny viendra te prendre demain soir à dix heures, et te présentera chez le prince X... qui donne une soirée de garçon.

— Fanny ? Qu'est-ce que c'est que ça ?

— Fanny, la belle Fanny, est une fille que j'ai lancée et qui produit dans le monde les jeunes actrices à qui je m'intéresse. Plus tard, quand tu auras des relations, tu en feras autant pour mes protégées de l'avenir. Adieu, petite, sois heureuse; dans huit jours je viendrai voir si tu as besoin d'un nouveau crédit.

Voilà l'industrie.

Et ceci vous explique en même temps pourquoi ces filles qui entrent dans la carrière avec deux cent mille francs de dettes, partagent leurs plus belles années entre les nobles étrangers et les huissiers les plus distingués de la capitale.

Mais le goût du jour est aux vastes entreprises financières. Aussi la lanceuse songerait-elle à ne plus travailler en détail, mais à opérer en grand. Elle doit fonder une grande compagnie, au capital de *cinq millions*, sous cette raison sociale :

LES ACTRICES RÉUNIES

Reste à savoir si les valeurs de cette Compagnie seront cotées à la Bourse.

Un jeune auteur faisait la cour à une jeune actrice... pour un autre motif que le bon.

La jeune actrice ne dit ni oui ni non! Elle se contentait de sourire et de renvoyer l'amoureux au lendemain.

Au commencement du troisième mois, le vaudevilliste s'impatienta.

— Voyons, ma chère enfant, dit-il, expliquons-nous. Vous faut-il de l'or?

— Non.

— Voulez-vous que je vous mette dans vos meubles?

— Non.

— Alors, finissons-en! Mettez-moi enfin dans les vôtres.

Deux amis se rencontrent dans un café aux environs de la Bourse.

— Comment vont les affaires? dit l'un.

— Très-mal! répond l'autre d'une voix faible.

— Comme vous êtes pâle!

— J'ai perdu à la dernière liquidation toute ma fortune.

— L'argent ne fait pas le bonheur.

— C'est vrai! le principal, c'est de rester un honnête homme!

— Et encore!

Dans la succession d'un acteur de la banlieue, on a trouvé les *Mémoires d'un galant homme*, dont nous extrayons le passage suivant:

« 19 *février* 1850. — J'ai été bien malheureux aujourd'hui. Chaque jour, je perds une illusion ! O mes rêves ! La comtesse F... ne manquait pas une représentation depuis trois mois... j'avais cru remarquer que je ne lui étais pas indifférent... Et moi, j'aimais cette femme d'un amour insensé... Après trois mois d'angoisses et de tortures, j'ai enfin osé me présenter chez elle... mon cœur battait avec violence... La femme de chambre m'a introduit dans le salon... meublé avec grand luxe... Au bout d'un quart d'heure d'attente, la comtesse parut... Qu'elle était belle !... Elle s'assit près de moi et mes genoux frôlaient sa robe... Je saisis ses mains... Je tombai à ses genoux, que je couvris de baisers... enfin j'osai lever mes yeux sur elle, et mon regard rencontra le sien... Oh ! ce fut un instant de douce félicité... Je pouvais me croire aimé... je me crus aimé... Eh bien, non ! Cette femme ne m'aimait pas, car... je lui ai demandé cent francs, et elle me les a refusés !

———

— Voyez-vous ce jeune gas qui marche les deux pouces dans les entournures de son gilet ?

— Oui.

— Eh bien ! il est heureux. Hier, après une lutte de six mois et quelques heures, il a enfin triomphé de la résistance d'une femme mariée, d'une femme du monde, je dirais même du meilleur monde, n'était la crainte de la compromettre.

Quand la pauvre victime se vit perdue, elle eut un moment de désespoir affreux.

— Oh! monsieur! s'écria-t-elle, je suis déshonorée; vous êtes un misérable!

— Calmez-vous... Calme-toi...

— Jamais! Moi qui avais fait un serment solennel!

— Un serment! à votre mari?

— Oh! non, pas à lui.

On demandait à mademoiselle A...

— B... vous a donc quittée?

— Lui? Mais, au contraire, c'est moi qui l'ai *lâché*.

— Pourquoi?

— Que voulez-vous... il fallait bien que ça finisse... C'est un garçon impossible... une espèce d'original... il ne peut pas s'habituer à être trompé!

On causait d'un individu bien connu, qui a amassé quelques millions à la Bourse et ailleurs, en exécutant des tours de force sur cette corde roide qui est tendue entre la société et la police correctionnelle.

— X... s'est retiré des affaires, disait-on, il se range... d'ailleurs, il se fait vieux... son fils va avoir treize ans.

— Treize ans! fit Barrière, mais alors il va bientôt faire sa première... escroquerie.

———

Un de nos plus aimables viveurs s'est marié la semaine dernière.

Ce garçon avait successivement dévasté tous les cœurs des théâtres, sans qu'il se fût arrêté plus de vingt-quatre heures à la même fleur, comme disent les poëtes.

Mais il fallait faire une fin.

On le présenta dans une bonne maison bourgeoise. Il plut à la demoiselle; on fit venir le notaire; on passa à l'église, et tout fut dit.

Le lendemain des noces, le jeune mari, qui avait déjà oublié la cérémonie de la veille, entra, le chapeau sur la tête et le cigare à la bouche, dans le boudoir de sa femme, l'embrassa tendrement et dit :

— Adieu, ma chère enfant! quand nous reverrons-nous?

———

Parmi les gentilshommes de carton qui embellissent le trottoir du boulevard des Italiens, il en est un qui vit au jour le jour d'un rêve, d'une espérance, d'un emprunt, d'une parole d'honneur donnée et oubliée en un tour de main.

On l'appelle : Don César de Mazas.

Cette fleur future des prisons cellulaires eut l'autre jour une affaire dite d'honneur, dans laquelle il déploya une énergie rare.

C'est lui-même qui raconte :

— Donc, disait-il, j'avais échangé ma carte avec un polisson, et j'attendais ses témoins. Comme il m'avait menacé de venir m'apporter des soufflets à domicile, je pris quelques précautions, et j'étais résolu de défendre mon domicile avec toute la vigueur que vous me connaissez ! Je rentrai chez moi, et je dis à ma femme : « Rentre dans ta chambre à coucher, et quoi que tu entendes, ne bouge pas. » Ma femme obéit. Ensuite je dis à ma belle-mère : « Faites-moi le plaisir de rejoindre ma femme, et restez auprès d'elle. Dans une demi-heure quelqu'un viendra me voir... vous entendrez le bruit d'une lutte... ne bougez pas ! » Ma belle-mère obéit. Vous comprenez qu'il fallait, avant tout, me débarrasser des femmes.

— C'est très-juste !

Don César de Mazas continua ainsi :

— Resté seul dans mon cabinet, je décrochai un

sabre qui pendait au mur, je tirai la lame du fourreau et je la mis sur la table ; puis je chargeai mes deux révolvers à huit coups et je les plaçai également sur la table... J'ôtai ma redingote qui aurait gêné mes mouvements dans un moment critique de la bataille... Ces préparatifs indispensables terminés, je sonnai ma bonne...

— Et vous l'envoyâtes auprès de votre femme !

— Je sonnai ma bonne, et je lui dis : Louise, écoutez bien ceci ; Si un étranger se présente et demande à me parler, vous direz... que je suis sorti !

HISTOIRE DE DEUX LOUIS

Hortense Schneider est une bonne fille, une comédienne de talent, et elle a de l'esprit.

Il serait vraiment téméraire de lui demander davantage.

Après la première représentation de *la Belle Hélène*, un homme du meilleur monde dit à Hortense Schneider :

— Cela ne se jouera pas longtemps.

— Je parie pour cent représentations, dit l'actrice.

— Et moi, je parie que la pièce n'en aura pas cinquante.

— Combien?

— Ce que vous voudrez.

— Un louis.

— Va pour un louis.

Les cinquante premières représentations de *la Belle Hélène* ont produit un total de plus de deux cent mille francs.

Le soir de la cinquante et unième, on apporta dans la loge de Schneider une lettre et un écrin.

La lettre contenait ces simples mots :

« J'ai perdu : voici le louis.

« De X. »

Dans l'écrin se trouvait le louis perdu.

Seulement, M. de X... l'avait fait enchâsser dans un superbe bracelet en diamants.

Deux jours après, une autre actrice, qui avait flairé là une belle affaire, proposa au même gentilhomme de parier un louis à l'occasion de n'importe quoi.

Le pari fut accepté et gagné par l'actrice.

Le lendemain un domestique se présenta au théâtre, et remit à cette demoiselle une lettre et un écrin.

La lettre contenait ces simples mots :

« J'ai perdu : voici le louis. »

La petite actrice poussa un cri de joie... Elle ouvrit l'écrin...

Il contenait... quatre pièces de cent sous en argent !

———

Un individu mal famé sur le boulevard avait cherché une affaire pour se réhabiliter.

Il trouva facilement une paire de soufflets, mais il fut beaucoup moins heureux quand il s'agit de trouver des témoins.

Rendez-vous était pris à cinq heures à la gare du Nord, pour aller en Belgique.

A quatre heures, le monsieur était encore à la recherche de témoins de bonne volonté.

Il rencontra un de nos amis :

— Vous allez me rendre un immense service, dit-il.

— Lequel ?

— Partez avec moi pour Bruxelles, je dois me battre demain matin.

— Impossible.

— Mais songez à ma triste position. Il faut que je me batte... Vous voulez donc que je parte seul... seul, avec mon déshonneur ?

— Dame ! oui. Seulement, je vous préviens que vous aurez un excédant de bagages.

On a remarqué que les petites dames, après avoir paru sur les planches, n'ont rien de plus pressé à faire que de les quitter.

Puis, au bout de quelque temps, la nostalgie s'en mêle.

Elles reviennent et quêtent des engagements.

Il y a à Paris toute une collection de ces comédiennes intermittentes.

L'une d'elles est d'une maigreur incroyable. On appelle cet amas d'ossements mademoiselle Catacombe.

Tout dernièrement, elle vient de rentrer à Paris.

Elle s'est présentée dans un foyer de théâtre.

— Eh bien ! fit l'aimable enfant en voyant toutes les chaises occupées, vous ne me faites pas une petite place ?

Et comme personne ne répondait :

— Allons ! allons ! ajouta-t-elle, je vais m'asseoir sur la cheminée.

— Sur la cheminée ? fit Nestor Roqueplan ; mais, petite malheureuse, tu vas rayer le marbre !

M. Z..., qui s'est distingué par plusieurs faillites importantes, vient d'être atteint d'une cruelle maladie.

Comme on ne sait pas ce qui peut arriver, il fit venir un prêtre.

— Mon père, lui dit-il, je me sens mourir, et j'ai pas mal d'escroqueries sur la conscience. Que faut-il faire ?

— Il faut d'abord restituer l'argent.

— Je désire réfléchir.

Le soir, le bon prêtre revint.

— Eh bien ! mon fils ? demanda-t-il.

— Mon père, dit Z...; voici la liste des personnes que j'ai pu escroquer durant ma vie. Tout le monde sera payé après ma mort. Maintenant, voulez-vous me donner l'absolution ?

— Mieux vaudrait payer tout de suite !

— Ah ! mais non ! s'écria Z... si je ne mourais pas, je serais volé !

———

On parlait devant Lambert Thiboust d'un auteur dramatique qui doit épouser sa maîtresse.

— Voilà une *première* qui marchera bien, dit Lambert ; il y a trois ans qu'ils répètent la pièce.

On causait duel dans un foyer de théâtre :

— Moi, dit un garçon d'esprit qu'on choisit volontiers comme témoin, je ne me mêle plus de ces affaires, j'ai passé deux fois en police correctionnelle comme témoin de duels, et c'est assez.

— Les témoins sont donc poursuivis? demanda quelqu'un.

— Assurément!

La petite X..., qui ne prendra jamais la succession de madame de Sévigné, demanda :

— Quand on est témoin d'un mariage, est-ce qu'on passe aussi en police correctionnelle?

———

Un aimable viveur du boulevard allait être conduit à Clichy, quand il fut miraculeusement sauvé par un oncle, qui eut le bon goût de mourir et de laisser à son neveu une centaine de mille francs.

— Voilà une bonne fortune! lui dit un ami.

— Assurément.

— Votre oncle était un brave homme, n'est-ce pas?

— Oui.

— Le regrettez-vous un peu?

— Vous voulez avoir mon opinion sincère?

— Oui.

— Eh bien! mon cher, à raison de cent mille

francs, je céderais assez volontiers plusieurs membres de ma famille.

———

Dans une soirée de garçons, une petite dame décavée s'approcha d'un Russe et lui dit :
— Prêtez-moi cent louis jusqu'à demain.
— Je ne prête jamais au jeu, dit l'étranger.
— Vous avez tort, fit la cocotte. Je vous aurais renvoyé ces cent louis demain avant midi...; tandis que, maintenant, vous allez les perdre.
— C'est possible, madame; mais j'aime mieux les perdre, c'est plus sûr.

———

LE GARDIEN DE SON HONNEUR

COMÉDIE EN UN ACTE

(Le théâtre représente un élégant salon. — Sur le devant de la scène un berceau.)

SCÈNE PREMIÈRE

LA COMTESSE, entrant en costume de bal. — Ah ! je respire ! Mon Dieu ! vous êtes témoin que j'ai bien lutté ! Le marquis a fait résonner à mon oreille des paroles enivrantes... je suis veuve... je suis libre... mais j'ai lutté (Écartant les rideaux du berceau.), j'ai lutté pour toi, pauvre chère créature... je me suis souvenue de toi, cher petit ange! (Avec force.) Oh! oui! ce berceau sera toujours le gardien de mon honneur!

SCÈNE II
LA COMTESSE, UN DOMESTIQUE.

LE DOMESTIQUE. — On vient d'apporter cette lettre pour madame la comtesse.

LA COMTESSE. — Une lettre? à minuit!

LE DOMESTIQUE. — La personne qui l'a apportée demande une réponse.

LA COMTESSE. — C'est bien! qu'on attende.

(Le domestique sort.)

SCÈNE III
LA COMTESSE, seule.

LA COMTESSE ouvrant la lettre. De lui!... (Elle lit d'une voix tremblante.) « Madame, vous êtes donc sans pitié? Vous ne m'entendrez donc jamais! Comment, vous disparaissez du bal au moment où vous deviez m'accorder la valse que vous m'aviez promise. Est-ce bien possible? Vous, si douce, si bonne, si belle! voudriez-vous donc me pousser au désespoir? Mon sang circule avec violence dans mes veines... mon front est brûlant... J'ai peur de devenir fou... De grâce, madame, accordez un moment d'entretien à un pauvre insensé, si vous ne voulez pas que je meure sous vos fenêtres... » (Jetant un cri.) Mourir! lui! si jeune! Oh! non, jamais!

(Elle sonne.)

SCÈNE IV

LA COMTESSE, LE DOMESTIQUE.

LE DOMESTIQUE. — Madame la comtesse a sonné?

LA COMTESSE. — Dites à la personne qui attend une réponse que... (Apercevant le berceau.) Non, jamais! Dites qu'il n'y a pas de réponse.

(Le domestique sort.)

SCÈNE V

LA COMTESSE, puis LE MARQUIS.

LA COMTESSE, seule. — Ah! j'ai bien lutté. Tais-toi, mon cœur. Je ne dois songer qu'à mon enfant. Pauvre chère créature! Oh! oui, je le sens, ce berceau sera toujours le gardien de mon honneur! (La fenêtre s'ouvre.) — Ciel! cette fenêtre... Quelqu'un!... Lui!... Oh!...

LE MARQUIS escaladant la fenêtre. — Silence! Oui, je suis fou : je suis insensé ; mais j'ai voulu vous voir une dernière fois avant de mourir.

LA COMTESSE. — Mourir, vous?

LE MARQUIS, avec passion. — Comtesse, vous tremblez! vous tremblez pour moi? Merci! Oh! je vous aime!
(Il tombe à ses genoux.)

LA COMTESSE. — Alfred! marquis! que faites-vous?

LE MARQUIS. — Oh! tenez, de grâce! laissez-moi là à vos genoux! Laissez-moi vous contempler à mon aise...

LA COMTESSE, avec dignité. — Monsieur, vous êtes infâme! vous n'êtes pas gentilhomme! Vous osez insulter une pauvre femme... vous n'êtes qu'un lâche!

LE MARQUIS. — Clémentine!

LA COMTESSE. — Taisez-vous!
(La comtesse contemple le berceau.)

LE MARQUIS. — Clémentine!
(La comtesse sonne vivement.)

LE MARQUIS. — Clémentine! que faites-vous?
(Le domestique entre.)

LA COMTESSE, avec force au domestique. — EMPORTEZ CE BERCEAU!

XIV

LES AUTEURS DE *Martha*

M. de Flotow est né en 1812, au château de Ren-tendorf, duché de Mecklembourg-Schwerin, où son père, officier du régiment Blücher, s'était retiré, après de nombreuses campagnes, et où l'enfant reçut les premières leçons de musique, de sa mère qui avait deviné la vocation de son fils.

A l'âge de seize ans, le jeune Flotow, qui avait terminé ses études, obtint la permission d'aller à Paris pour continuer son éducation musicale. Une pension le mit à l'abri des besoins de la vie, et il devint élève de Reicha, professeur au Conservatoire et membre de l'Institut.

Au bout de deux ans, M. de Flotow père, impatient comme un soldat, vint à son tour à Paris pour voir si son fils était en train de devenir un grand homme.

C'était en 1830.

Un beau matin, on annonça à M. de Saint-Georges, dont nous parlerons tout à l'heure, la visite de deux Allemands, munis d'excellentes lettres de recommandation.

C'étaient MM. de Flotow père et fils.

— Monsieur, dit le père à l'auteur dramatique, je viens vous demander un conseil et un service.

— Parlez, monsieur, fit M. de Saint-Georges.

— Mon fils veut devenir un musicien célèbre. Est-ce possible?

— Parfaitement, monsieur.

— Combien de temps lui faudra-t-il pour prouver s'il a du talent?

— Je ne sais au juste, enfin, disons cinq ou six ans.

— Cinq ans? soit, fit l'ancien officier. Passé ce délai, je lui retire sa pension, s'il ne s'est pas fait connaître; car je ne veux pas éternellement entretenir sur le pavé de Paris un garçon qui n'est bon à rien. Une question, maintenant : Monsieur de Saint-Georges, consentiriez-vous, pendant ce temps, à servir de guide à mon fils dans la vie parisienne? Me promettez-vous de le surveiller, de le protéger, en un mot de me remplacer auprès de lui?

Sur la demande de l'auteur, le jeune homme se mit au piano et joua quelques compositions. M. de Saint-Georges lui trouva du talent, et :

— J'accepte, dit-il, nous tâcherons de faire quelque chose de ce gaillard !

Le lendemain, M. de Flotow père retourna en Allemagne.

Au bout de cinq ans, jour pour jour, l'ancien officier écrivit à son fils :

« C'est aujourd'hui qu'expire le dernier délai que je vous ai accordé ; il ne me convient pas d'encourager vos folies, revenez sans retard ; mon banquier a ordre de ne plus vous payer votre pension. »

— Que faut-il faire ? demanda le jeune Flotow à son protecteur.

— Il faut rester ! répondit M. de Saint-Georges.

— Sans argent ?

— Vous en gagnerez.

— Comment ?

— Donnez des leçons de piano, comme les artistes pauvres.

Le jeune fils de famille, bravant le courroux de papa, resta à Paris, et donna des leçons de piano pour vivre.

Il faut interrompre ici l'histoire du jeune musicien pour présenter son protecteur au lecteur.

Ne me demandez pas l'âge de M. de Saint-Georges.

Si je consulte son œuvre, il doit avoir de deux cent cinquante à trois cents ans.

Si j'interroge son esprit, son talent, son tempérament, M. de Saint-Georges doit avoir cinquante ans à peine.

C'est un des hommes les plus justement aimés de la littérature parisienne.

Regardez-le passer sur le boulevard... Une tournure distinguée... Gentilhomme jusqu'au bout des ongles... Homme d'esprit et de talent... l'œil vif... la taille droite, une tenue de gentleman... bon, affable, excellent... toujours prêt à rendre service à ses amis... esclave du point d'honneur... une vie irréprochable... auteur célèbre dont le nom est associé aux succès des plus illustres musiciens de ce siècle... estimé, aimé de tout le monde et partout.

Voilà M. de Saint-Georges, aujourd'hui président de la Société des auteurs dramatiques, officier de la Légion d'honneur et décoré d'une douzaine d'ordres étrangers.

A présent que vous connaissez le protecteur, revenons au protégé.

M. de Flotow, introduit dans les salons parisiens par M. de Saint-Georges, continua donc de donner des leçons de piano et fit enfin jouer, au château de Royaumont, chez M. le marquis de Belisson, un opéra en un acte, *Rob-Roy*, qui fut interprété par des amateurs; le poëme était de M. Panol.

Les principaux rôles de *Rob-Roy* furent remplis par madame Deforges, femme d'un auteur dramatique estimable, qui occupe un poste important au ministère de la guerre, et par M. Lecoq, aujourd'hui professeur au couvent du Sacré-Cœur.

L'année suivante, *Rob-Roy* fut repris à l'hôtel Castellane.

Mais un artiste ne peut se contenter des succès de salon. Le jeune Flotow ambitionnait un auditoire plus nombreux et moins indulgent.

En 1838, M. de Flotow donna, au théâtre de la Renaissance, un opéra en trois actes, le *Duc de Guise*.

La représentation fut organisée par la princesse Czartoriska, au bénéfice des Polonais. Tous les rôles étaient tenus par des amateurs. La prima donna s'appelait mademoiselle de la Grange, — aujourd'hui la fameuse madame de la Grange du Théâtre-Italien; les plus grandes dames du noble faubourg avaient accepté l'emploi de simples choristes. Aussi, quand après le prologue de M. de Saint-Georges, la toile se leva sur la Cour d'Henri III, il y avait pour dix millions de diamants sur la scène.

La recette atteignit le chiffre de 30,000 francs,

Le *Duc de Guise* était une bonne œuvre à tous égards !

Après ce succès, M. de Flotow père voulut bien renouveler la pension de son fils.

En 1843, M. de Flotow aborda l'Opéra-Comique.

Le livret de l'*Esclave du Camoëns* était naturellement de M. de Saint-Georges.

Mais les scènes allemandes réclamaient leur compatriote.

Peu de temps après ses débuts à l'Opéra-Comique, le compositeur fit jouer à Hambourg *Stradella*, opéra en trois actes, qui est resté au répertoire en Allemagne.

M. de Flotow avait eu la douleur de perdre ses parents, et il se trouva en possession d'une fortune considérable qui lui permit de vivre tantôt en Allemagne, tantôt en France ; il revint à Paris.

En 1842, la direction de l'Opéra demanda un ballet à M. de Saint-Georges.

L'auteur dramatique se souvint alors d'une aventure arrivée jadis à deux dames de sa famille qui, sous un déguisement, s'étaient mêlées aux servantes de la foire, et il composa *Lady Henriette*, ballet en trois actes, pour Adèle Dumilâtre, aujourd'hui retirée du théâtre avec une fortune considérable.

La musique du ballet nouveau fut confiée à trois compositeurs... Le premier acte à M. de Flotow, le deuxième à M. Burgmüller, et le troisième à M. Deldevos, troisième chef d'orchestre à l'Opéra.

Lady Henriette eut un succès énorme.

De ce ballet M. de Saint-Georges fit, quelque temps après, un opéra en quatre actes pour son ami Flotow. Un librettiste allemand traduisit le poëme, et en 1847, tandis que l'*Ame en peine*, des mêmes auteurs, atteignait à l'Opéra sa centième représentation, *Lady Henriette* ou *Martha* était jouée au Théâtre-Impérial de Vienne, où la partition gracieuse, jeune et mélodieuse, obtenait un véritable succès d'enthousiasme.

Rappelé dix-sept fois dans la soirée, suivant l'usage du pays, M. de Flotow se plaça au premier rang parmi les musiciens allemands.

De Vienne, *Martha* passa sur toutes les scènes allemandes. Partout le même succès, le même enthousiasme.

Ce fut un étonnement général de trouver réunies en une seule œuvre la science allemande, la mélodie italienne et la grâce française.

M. de Flotow se maria à Vienne en 1849.

En 1850, il perdit sa femme, et tel fut son désespoir, qu'il rompit tous les traités qu'il avait signés, se retira loin du monde, et, malgré les supplications des directeurs, refusa pendant deux ans de donner *Indra*, opéra en trois actes, qui fut enfin joué en 1852.

Voici une petite photographie de M. de Flotow :

C'est ce qu'on appelle vulgairement un bel homme... Haut de taille... des épaules larges... une figure régulière... des moustaches noires en croc... l'œil intelligent, une rosette multicolore.

Quand j'ai vu l'auteur de la partition de *Martha* pour la première fois, je l'ai pris pour un colonel de cuirassiers.

M. de Flotow parle très-bien le français; c'est un artiste parisien, égaré à Vienne, mais qui nous reviendra tout à fait un de ces matins.

Rien n'attire comme le succès.

Son tempérament ressemble à sa musique...

Beaucoup de gaieté et du sentiment à profusion.

Peu de jours après la première représentation de *Martha*, M. de Flotow retourna à Vienne.

— Vous nous quittez déjà? lui dis-je.

— Oui; je veux être chez moi pour les fêtes de Noël.

— Restez au moins quelques jours... Allez voir les critiques... soignez votre gloire.

Le compositeur allemand tira un carnet de sa poche, l'ouvrit, me montra les portraits de madame de Flotow et de ses deux enfants, et me dit :

— Regardez, mon ami : voilà qui est au-dessus de la gloire.

Tout Paris a applaudi la blonde *Martha*.

Il ne [me reste plus rien à dire sur le charmant livret et l'adorable partition.

Seulement, il est bon d'enregistrer l'opinion du compositeur sur la prima donna de son opéra :

— Depuis Jenny Lind, a dit M. de Flotow, aucune artiste ne m'a charmé autant que mademoiselle Nillson.

Mademoiselle Nillson est Suédoise... c'est une pauvre enfant du peuple... qui a dû gagner son premier pain en chantant dans les rues de Stockholm ; elle a été recueillie par une famille française, qui lui fit donner des leçons de chant, et ne l'abandonna à elle-même qu'après son premier succès à Paris.

Mademoiselle Nillson est une vraie artiste, et, ce qui ne gâte rien, une honnête femme. On lui reproche parfois la froideur de son joli visage ; mais regardez-le attentivement, et vous verrez que cette froideur apparente n'est qu'une douce mélancolie qui se répand sur tous ses traits.

Quand la misère a passé sur un visage d'enfant, elle y laisse des traces que la prospérité et la renommée ne peuvent plus effacer.

M. de Flotow, qui a retrouvé dans une seconde union le bonheur qu'il croyait avoir perdu à jamais avec sa première femme, a été frappé cruellement l'année dernière par la mort violente de son jeune et unique frère qui habitait une terre près de Schwerin.

Son rang dans la noblesse du pays, sa position de fortune, lui donnaient le droit de siéger à la Chambre de son pays.

Jeune, — il avait trente-deux ans à peine, — le frère de M. de Flotow se moquait volontiers de la politique et de sa position officielle, et ne cherchait que le côté amusant et gai de la vie.

Or, l'année dernière, un libraire de ses amis fêtait à Schwerin le vingt-cinquième anniversaire de son mariage.

Le jeune de Flotow, qui passait par là à huit heures du matin, enleva le libraire, et, tandis que les invités attendaient le *jeune* marié, celui-ci lancé par le vin du Rhin trinquait à la campagne avec son ami de Flotow.

A force de trinquer, il arrive toujours un moment de folie. Vers cinq heures du soir — quand le libraire fut complétement gris — M. de Flotow le revêtit de son propre uniforme de député meklembourgeois et le renvoya à son domicile en calèche découverte.

Ce fut un grand scandale dans la petite capitale.

Le lendemain douze députés du pays envoyèrent des témoins à M. de Flotow, qui avait, disaient-ils, outragé toute la Chambre en affublant son grotesque invité du costume officiel.

— Je ne peux pas me battre avec eux tous, répondit le gentilhomme; qu'ils tirent au sort, et je vous promets que mon adversaire aura un duel sérieux.

Ainsi fut-il fait.

Lorsque M. de Flotow se trouva en présence du comte de Z..., son adversaire désigné par le sort, il lui dit :

— Monsieur, pensez-vous qu'une simple étourderie vaille un duel?

— Assurément, répondit le comte.

— Votre résolution est irrévocable?

— Vous me le demandez encore?

— Soit! dit M. de Flotow, et si vous ne tenez pas plus à la vie que moi, nous organiserons un duel original.

— Je suis à vos ordres.

— Eh bien! monsieur le comte, nous nous battrons à l'américaine... Je vous joue ma vie contre la vôtre, à l'écarté, en cinq points secs... Le perdant se brûlera la cervelle dans les vingt-quatre heures.

On fit venir des cartes, et les deux hommes commencèrent la terrible partie.

Quand l'un et l'autre eurent quatre points, le comte mêla les cartes et les présenta à son adversaire.

— A vous la coupe, dit-il.

Puis il donna les cartes....

Le comte tourna le roi.

— Vous avez gagné, monsieur, dit le jeune de Flotow en se levant; je payerai demain avant midi.

Le lendemain, M. de Flotow dormit jusqu'à onze heures.

Après son déjeuner, il fit un tour dans son parc et donna quelques ordres. Le valet de chambre se souvient d'avoir vu son maître pendant dix minutes en contemplation devant la façade de son château.

Le serviteur ajoute qu'à un moment donné, M. de Flotow cacha sa tête dans ses mains comme un homme qui pleure...

Puis le gentilhomme tira sa montre.

Il était midi moins cinq minutes.

M. de Flotow entra dans son cabinet.

A midi précis, une détonation ébranla le château.

Le frère de l'auteur de *Martha* venait de se brûler la cervelle.

XV

SOUVENIRS D'UN DÉCAVÉ

(Deuxième conférence.)

Messieurs! J'ai vu les choses les plus extraordinaires :

Les glaciers de la Suisse ;

Les cascades de la forêt Noire et mademoiselle X... du théâtre du Palais-Royal, qui se promenait à Bade avec une mère.

S'il est agréable de voir Paris, il n'est pas moins doux de le quitter de temps en temps.

On s'installe dans un coin du wagon et l'on rêve un mois d'air, de liberté, d'imprévu !

Tout à coup, quelque vieux crétin qui se trouve dans le compartiment, — je crois que l'administration du chemin de fer le fournit d'office, — interrompt le cours de votre pensée et vous dit :

— Ah! monsieur, comme on voyage vite de nos jours! Moi qui vous parle, j'ai fait le voyage de Paris à Bruxelles en diligence.

Pendant quatre ou cinq heures, ce misérable ne vous parle que de postillons de Laffitte et Caillard et de la table d'hôte de Valenciennes.

Et si l'on brûlait la cervelle à cet horrible *gêneur*, il se trouverait peut-être un jury pour vous condamner!

Décidément, la civilisation n'a pas encore dit son dernier mot.

Oh! beaux rêves du chemin de fer, je vous connais!

En quittant la gare de l'Est, on commence à faire ses comptes.

A la Villette, on se contenterait de dix mille francs.

A Épernay, on se dit que tout compte fait, il en faut gagner vingt-cinq mille.

A Strasbourg, on demande en passant ce que coûterait la cathédrale.

A Bade, vingt-quatre heures après mon arrivée, j'ai demandé un florin à un ami pour acheter des cigares.

Et puis, quoi après tout ! Si j'avais gagné cent mille francs, les aurais-je gardés?

Tenez, je connais un audacieux garçon qui est parti pour Bade avec dix-huit louis.

Il arrive à dix heures du soir; à onze heures, il se couche avec six rouleaux de cinquante louis sous son traversin.

Joie ! délire ! feu d'artifice ! flammes de Bengale !

Le lendemain X... — appelons-le X..., c'est un nom bien porté, — se réveille, court chez Strohmeyer, le fameux banquier, prend une traite de deux mille francs et l'expédie sous pli chargé à son adresse à Paris.

Il respire.

Puis, il choisit le plus brillant équipage de la ville, deux chevaux, un panier et un domestique en livrée.

L'avenir est à lui !

Le voilà parti. Oh ! que la nature est belle !

En route, il remarque qu'il a oublié ses gants.

Or, on comprend sans peine qu'un homme qui a gagné six mille francs ne peut pas se promener sans gants dans la forêt Noire.

On sait que les bûcherons badois sont à cheval sur l'étiquette.

X..., qui ne doute de rien, entre dans une misérable boutique de village et dit :

— Avez-vous des gants?

— Parfaitement, repond le boutiquier.

Et il cherche sous son comptoir un petit paquet entre un morceau de savon et un pot de confitures.

X... choisit une paire de gants qu'on avait taillés dans une vieille semelle, paye et dit au marchand :

— Ah çà ! vous ne devez pas vendre beaucoup de gants dans ce village?

Et l'Allemand, qui considère cette question comme une insulte personnelle, répond :

— Mais si, monsieur! j'en ai encore vendu une paire l'année dernière.

A onze heures, X... est devant la Conversation.

— A nous deux maintenant! dit-il au père Martin.

A onze heures un quart, M. Martin, qui est la crème des hommes, avait *ratissé* les quatre mille francs avec cette grâce et cette distinction qui n'appartiennent qu'à lui.

Enfer et damnation!

X... vole à la poste.

— Ma lettre est-elle partie? demande-t-il à l'employé.

— Non, monsieur; je suis en train de faire le paquet pour Paris.

— Voulez-vous me la rendre en échange de votre reçu?

— Certainement, mais vous perdrez le port payé.

— Qu'est-ce que cela me fait? Vous êtes un ange.

De la poste en trois bonds il arrive chez le banquier.

— Monsieur, dit-il à Strohmeyer, auriez-vous la bonté de reprendre votre traite?

— Volontiers, mais vous perdrez la commission payée.

— Vous êtes un cœur d'or... voici la traite... vite mon argent!

Cinq minutes après il est dans les salons.

Et, — admirons la complaisance du Badois! — M. Martin, lui aussi, a repris l'argent.

X... est un niais, disent ses amis.

Ceux-là ignorent les plaisirs, l'entraînement, la jouissance du jeu!

Pour dix-huit louis, X... a connu pendant vingt-quatre heures tous les enchantements de l'or.

Pour dix-huit louis, il a reposé sa tête pendant une nuit sur six rouleaux, ce qui fait une commission de trois louis par billet de mille francs.

Quel est le banquier parisien qui consentirait à prêter six mille francs à un fantaisiste dans les mêmes conditions?

Je demande à le voir.

Et puis quoi ?

On gagne, on perd, et après ?

Quand on s'est fait voler dans le cercle le plus doré de Paris, on éprouve un certain plaisir à jouer avec des honnêtes gens.

Car il n'y a pas de jeu plus droit, plus loyal, plus honnête que le Trente-et-Quarante.

Il est pourtant encore des hommes qui se figurent que les croupiers peuvent faire gagner à volonté la rouge ou la noire.

Les idiots !

D'ailleurs l'homme qui perd ne respecte rien.

J'ai vu un noble étranger enlever trois ou quatre cent mille francs à une banque quelconque.

Le lendemain, la veine tourna... il perdit cent cinquante louis sur son bénéfice.

— Je crois qu'on triche, dit-il à ses amis.

Je voudrais seulement, pour ma part, avoir l'argent qu'on vole à la banque.

Un jour, à Ems, le tailleur annonce :

— Rouge perd et couleur !

Et, d'un tour de râteau, il enlève les quarante ou cinquante florins qui se promenaient sur le tapis.

— Pardon ! fait alors un joueur, on se trompe... la rouge gagne.

On vérifie le point, c'était vrai.

Alors de toutes parts s'élèvent des cris de réclamations.

— Il me faut seize louis, dit l'un.

— Vous m'avez pris mes dix frédérics ! s'écrie l'autre.

Et la banque, pour éviter une émeute, rembourse trois mille francs pour les cinquante florins qu'elle avait encaissés.

. . . .

A Bade, j'ai assisté à une jolie tentative d'escroquerie.

Un Américain de ma connaissance jouait une somme assez ronde à l'*inverse*.

Au huitième coup, il hésite un instant... appuie la tête dans les mains et semble réfléchir s'il doit jouer le maximum ou moitié à la masse.

Il y a un petit moment d'arrêt... le banquier attend. Tout à coup un individu qui flairait une masse perdue, s'écrie carrément :

— Soixante-dix louis à la masse !

— A quelle masse? demande le tailleur.

— A la masse de l'inverse.

A ces mots l'Américain lève la tête et dit avec un sang-froid admirable :

— Vous faites erreur, monsieur; si vous voulez bien le permettre, je ne jouerai que mille francs.

Inutile de dire que le commissaire de police a pris le *ramasseur de cadavres* par le bras et l'a conduit au violon où il a fait le maximum.

C'etait par une journée pluvieuse...

Un jeune Polonais entre dans les salons de Bade et jette cinq francs à rouge.

La couleur passe onze fois; le Polonais gagne dix mille deux cent quarante francs.

— Tout va! dit-il.

— Pardon, monsieur, lui répond le *tailleur* Martin, la banque ne tient que six mille francs.

Et l'homme aux cent sols réplique :

— Vous ne tenez que six mille francs? Quelle banque de carton !

— Monsieur, nous avons notre règlement.

— C'est déplorable! s'écrie le Polonais. Tout va!

— Je vous répète, monsieur, que nous ne tenons que six mille francs.

— Et moi je vous dis que je jouerai 512 louis ou rien.

— Monsieur, dans ce cas, rien ne va.

Le Polonais retire son argent. C'est la noire qui gagne.

Il aurait perdu !

On n'a jamais revu le Polonais.

M. Martin, un des plus anciens employés de Bade, ne se possédait pas de colère. Il me dit :

— Comprend-on cet homme qui *part* de cent sols et qui nous injurie parce que nous ne tenons que six mille francs? Il paraît qu'il est parti avec ses dix mille.

M. Martin poussa un gros soupir et continua :

— Encore si vous les aviez gagnés, vous !...

Et comme j'allais remercier M. Martin de tout l'intérêt qu'il daignait me témoigner, il ajouta :

— Mais oui ! j'aurais préféré que ce fût vous, car vous, au moins, VOUS EUSSIEZ RENDU L'ARGENT A LA BANQUE.

Brave monsieur Martin !

Seligman, le violoncelliste, se trouvait à Bade en même temps que le roi de Hollande.

Le soir, dans les salons de la Conversation, Seligman portait à sa boutonnière l'ordre de la Couronne de Chêne.

Seligman me dit d'un ton modeste :

— Quand je suis aux eaux, je porte toujours la décoration du souverain étranger qui se trouve dans la ville.

Le lendemain, Seligman dit :

— Avez-vous remarqué que je n'ai pas salué le roi de Hollande aujourd'hui?

— Oui. Et pourquoi cette froideur?

— Parce que j'ai déposé hier ma carte chez le roi et qu'il ne m'a pas renvoyé la sienne !

Noble orgueil d'un artiste qui a la conscience de sa valeur.., et au delà !

Un joueur dit à Cham :

— Me prêteriez-vous cinq louis si j'étais décavé ?

Cham tirait ses moustaches.

— Du reste, continua le monsieur, si j'avais besoin d'argent, je ne me gênerais pas.

— Ma foi, vous auriez bien tort... de ne pas vous gêner ! fit Cham en s'éloignant.

. . . .
. . . .

Sous le vestibule du chemin de Francfort à Hombourg régnait une confusion extrême.

Les employés couraient de gauche à droite et de droite à gauche, bousculant les hommes, les femmes, les enfants et les bagages.

— Le landgrave ! s'écriaient-ils de temps en temps.

A l'embarcadère, ce fut bien autre chose. Les conducteurs étaient tout en sueur.

— Première pour Hombourg, disait un voyageur.

— Le landgrave ! répondait le conducteur.

— Seconde pour Hombourg, demandait une dame.

— Le landgrave ! s'écriait le conducteur.

— Combien faut-il de temps pour aller à Hombourg ? demandai-je à mon tour.

— Le landgrave !

— Plus d'une heure ?

— Le landgrave !

J'eus enfin l'explication. Le landgrave de Hesse-Hombourg regagnait ses États, qui se composent d'une rue, de treize soldats et de cinquante croupiers.

Le landgrave arriva. C'est cette belle tête de vieillard dont il est question dans la *Tour de Nesle*. La tête couronnée daigna sourire au peuple, et le train se remit en route.

— Pourquoi la locomotive n'a-t-elle pas sifflé ? dis-je au conducteur.

— Parce que le landgrave aurait pu prendre cela pour une manifestation politique, me répondit-il.

On m'a montré à Hombourg un marchand de bœufs, qui venait de vendre trente bœufs gras à Francfort.

La roulette, qui a un bon estomac, avait englouti les trente bœufs à son déjeuner.

Le professeur de roulette existe.

Je l'ai vu ! Il s'approcha d'un joueur et lui dit :

— Allez à *rouge !*

L'autre mit sur pair et gagna.

— Allez à *noire !* continua le professeur.

— Et vous... allez au diable ! dit le joueur.

Plus loin, le même professeur s'approcha d'un autre joueur et lui dit :

— Mettez sur le 17.

— Laissez-moi tranquille !

— N'oubliez pas le zéro !

— Ah çà ! monsieur, dit le joueur, me laisserez-vous en paix ?

— Le 32 va sortir ! fit le professeur.

Le joueur, à bout de patience, tira deux florins de sa poche et dit au professeur :

— Monsieur, je sais ce que vous voulez ! Voici deux florins, allez-vous-en !

— Pardon ! dit le professeur, c'est deux florins et demi.

. . . .

A Nauheim, un joueur parisien fut victime des voleurs à la masse.

Un industriel s'empara d'une masse de quarante francs.

Le Parisien réclama son argent.

Le chef de partie — j'allais dire le chef d'autre chose — invoquait l'arbitrage de la galerie.

Deux ou trois témoins de bonne volonté se prononcèrent en faveur du filou.

— Monsieur, dit le chef de partie au Parisien, vous voyez que le témoignage de la galerie vous condamne.

— Monsieur, répondit le Français, la parole de ces messieurs peut vous offrir quelques garanties à vous ; mais je vous préviens qu'en France aucun juge d'instruction ne vous prêterait cinq sols sur de pareils témoins.

Un cocher de Nauheim, qui nous avait conduit à je ne sais plus quelle source, nous dit, en désignant un de ses amis :

— Voilà un garçon qui fait ses affaires.

— Ah ?

— Oh ! oui, c'est un malin !...

— Quelle profession exerce-t-il donc ?

— Mais il est témoin à la roulette.

. . . .

Les banques d'Allemagne permettent à leurs clients de jouer un coup sur parole !

Un soir, au Kursaal d'Ems, se présente un jeune Anglais très-blond, qui dit au croupier :

— Attendez un peu, *if you please !*

Et, tirant un grand portefeuille rouge de sa poche, il ajoute :

— Jé volé jouer mille francs à la rouge.

L'Anglais ouvre son portefeuille.

— C'est bien, monsieur, dit le chef de partie en saluant le noble étranger ; puis, s'adressant au croupier : Placez mille francs pour monsieur, dit-il.

— Oh yès ! very-well ! dit l'Anglais.

Le croupier prend mille francs dans la caisse de la banque et dit à l'étranger, en le saluant respectueusement :

— Mille francs sont placés pour vous à rouge, monsieur.

— Oh yès ! very-well ! répond l'Anglais.

La rouge perd.

L'Anglais remet alors son portefeuille dans sa poche et dit en pur allemand :

— Messieurs, je suis un garçon tailleur de Coblentz, et je n'ai pas le sou ! Flanquez-moi à la porte, si vous voulez.

Ainsi fut-il fait.

. . . .

Deux jours après, je fis à Wiesbaden la connaissance d'un homme d'assez bonne tournure.

C'était mon voisin à la table d'hôte.

Il causait fort bien ; il avait bonne tournure ; je le prenais pour un fils de famille.

Mon nouvel ami avait beaucoup voyagé ; il connaissait tous les pays ; il avait tout vu.

C'était un agréable compagnon.

Quelques jours après, je le retrouvai sur le bateau à vapeur qui descendait le Rhin vers Coblentz.

— Enchanté de vous revoir, monsieur.

— Et moi donc !

— J'ai retenu une place à la table d'hôte ; voulez-vous être mon voisin ?

— Avec plaisir. Où allez-vous ?

— Je vais à Ems ; et vous ?

— Moi, je vais à Londres, dit-il.

— Vous passez la saison d'été en Angleterre ?

— Cela dépend.

— Enfin, je présume que vous voyagez pour votre agrément ?

— Pas tout à fait.

— Serait-il indiscret de vous demander....

— Pas du tout ! Je ramène un jeune Anglais dans sa famille.

— Seriez-vous instituteur ?

— Non, monsieur.

— Où est-il, votre jeune Anglais ?

— Il est à fond de cale.

— Viendra-t-il dîner avec nous ?

— C'est impossible, puisqu'il est mort.

— Mort ?

— Oui... Il est dans un bon cercueil en plomb. C'est moi qui suis accompagnateur assermenté des cadavres. Quand un noble étranger meurt aux eaux, je le ramène à sa famille.... C'est assez bien payé. La douleur ne sait pas compter. Aussi, encore cinq ou six BONS voyages, et je me retire des affaires.

. . . .
. . . .

La seule banque que je n'aie pas vue est celle de Saxon, en Suisse.

Le maximum y est de mille francs, et le minimum d'un bouton de culotte.

En hiver, on y joue même des haricots à la roulette, et des gigots au trente-et-quarante.

XVI

GUIDE DES AMBASSADEURS JAPONAIS DANS LA CIVILISATION PARISIENNE

Les ambassades japonaises ont tout à fait pénétré dans nos mœurs. Il y a deux ans, l'ambassade japonaise se composait de douze Japonais; cette année, ils n'étaient que six : c'est un progrès sensible que je me plais à constater. Le chiffre des Japonais n'est pas, du reste, la seule différence entre la cargaison de l'année dernière et l'envoi de l'année présente. Les Japonais d'autrefois venaient en mission extraordinaire et officielle; ceux-ci viennent pour étudier la civilisation parisienne et pour rapporter dans leur pays les relations des puissantes manifestations de la pensée humaine.

Il est de notre devoir de seconder les braves voyagours dans leurs expéditions, et c'est pourquoi je dédie ce chapitre aux Japonais qui nous honoreront de leur visite et qui, après tout, sont nos frères.

Donc, mes chers Japonais, sachez que, dans un État civilisé comme le nôtre, le personnage le plus important de la société est le jockey ; après lui vient immédiatement l'entraîneur ; le gentlemen-rider ne vient qu'en troisième ligne. Le jockey, chers Japonais, n'est pas seulement un maigre individu qui fait galoper de maigres chevaux, il est encore, dans un certain monde, le dépositaire de la fortune publique et il a plusieurs millions dans sa cravache. Je ne sais, mes amis, quel emploi font de leur argent les gens riches de votre pays ; chez nous, ils élèvent des chevaux, et l'éducation de ces bêtes coûte en moyenne quatre ou cinq cent mille francs par an à l'heureux gentleman-rider. Avec cette somme, vous en êtes convaincus comme moi, on pourrait au besoin élever une foule de Japonais et leur acheter des vêtements *à la française* au magasin de la *Belle Jardinière ;* mais, je vous le dis franchement, nous nous soucions fort peu des Japonais en France, et, s'il vous plaisait, à vous, de franchir la banquette irlandaise, vous ne feriez point vos frais.

Je ne pense pas, amis Japonais, que la gloire des jockeys à la mode ait dépassé les frontières de votre pays; mais, comme la civilisation que vous venez étudier chez nous se promène bras dessus bras dessous avec les entraîneurs, j'ai soin de vous donner quelques renseignements sur le plus illustre des jockeys, sur l'homme éminent dont deux pays s'honorent à la fois, l'Angleterre qui lui a donné le jour, et la France qui lui a donné l'hospitalité... J'ai nommé Grimshaw.

Grimshaw, chers Japonais, est le Raphaël des jockeys, le chef d'école, le cavalier sans pareil, le vainqueur de toutes les courses; vive Grimshaw! Et, pourvu qu'en rentrant dans votre pays vous puissiez dire aux vôtres : « J'ai vu Grimshaw! » vous n'aurez pas perdu votre temps.

Pour le quart d'heure, mes amis, ce jockey modèle est au service de M. le comte de Lagrange, le gentilhomme français qui a pris la louable habitude de gagner tous les prix aux courses anglaises. Quoique simple écuyer, Grimshaw fraye avec l'élite de la société contemporaine; le matin, avant son déjeuner, il reçoit quelques lords et beaucoup de comtes qui viennent le supplier de vouloir bien accepter leurs livres sterling ou leurs billets de banque en échange de ses services. C'est ainsi que le marquis de Hastings, un des grands noms de l'Angleterre, s'est jeté aux pieds de Grimshaw et a imploré la protection de l'illustre jockey. Grimshaw, ému, n'a pu refuser, et les gazettes nous annoncent qu'à partir du 1er juillet prochain, M. le comte de Lagrange sera veuf de son meilleur jockey. A peine le marquis de Hastings fut-il parti, que le duc de Beaufort se présenta chez Grimshaw.

— Grimshaw, lui dit le duc, voulez-vous venir vous casser les reins chez moi ?

— Désolé ! répondit le jockey, mais j'ai promis pour l'année prochaine au marquis de Hastings.

— Grimshaw, continua le duc, m'abandonnez-vous ?

A ces mots partis du cœur, Grimshaw eut un mouvement superbe :

— Monsieur le-duc, répondit-il, je ferai quelque chose pour vous en 1867.

Aussitôt les gazettes annoncèrent aux populations que Grimshaw quitterait le marquis de Hastings en 1867 pour entrer au service du duc de Beaufort.

Vous autres Japonais, vous ne comprendrez que difficilement toute l'importance de Grimshaw, ce qui fait d'ailleurs de vous une nation de la troisième catégorie. Dans notre pays, dont vous cherchez à pénétrer la civilisation, on s'émeut des faits et gestes de Grimshaw ; une comédie nouvelle d'Émile Augier, un tableau de Fromentin, un livre de

M. Renan, ce sont là, amis Japonais, des événements de second ordre pour nos gentilshommes ; il leur faut Grimshaw pour charmer leurs loisirs et enflammer leur enthousiasme. Le jockey à la mode a pris, dans la société contemporaine, rang à côté des grands comédiens de l'époque ; Grimshaw et la Patti n'acceptent plus d'engagement, ils sont en représentation par-ci, par-là, à droite, à gauche ; ils ne jouent qu'au cachet, et on s'arrache ces deux grandes intelligences. Aussi, je vous le dis en toute vérité, si vous pouviez décider Grimshaw à passer six mois chez vous, rien ne manquerait plus au bonheur du Japon, et vous pourriez enfin vous vanter de prendre place parmi les nations civilisées de ce temps. Les courses de printemps vont commencer bientôt ; je vous engage à vous présenter sur le turf, à étudier nos mœurs et coutumes, et à doter votre heureux pays de tous les progrès de notre civilisation, dont les faux cheveux, les bijoux en acier et la fausse argenterie sont les principaux éléments.

On vous dira encore, chers Japonais, que la loterie a été abolie en France, ce qui ne vous empêchera point de gagner, au besoin, cent mille francs pour vingt-cinq centimes ! Pour arriver à ce résultat, il suffit de prendre plusieurs billets aux différentes loteries qu'on organise chez nous. Vous n'avez que l'embarras du choix entre une vingtaine de loteries plus autorisées les unes que les autres ; une affiche vous apprendra qu'un lot de cent mille francs a été, tout dernièrement, gagné par un honorable commerçant de Gand, et le bulletin ajoute que cet heureux Belge est veuf ; il avait, dit-on, serré ses billets dans un secrétaire, et fut fort surpris d'apprendre un jour que ces coupons de cinq sous représentaient cent mille francs ; il réunit sa nombreuse famille, et au dessert, il lui fit part de son immense bonheur.

S'il est déjà doux en Belgique d'être veuf, on peut affirmer qu'un veuf orné de cent mille francs gagnés à la loterie est une des curiosités du temps, et, si vous aviez dans votre famille une Japonaise difficile à placer, je crois que le moment serait venu d'entamer des négociations avec le Belge aux cent mille francs. Ne me dites pas que l'argent n'est rien en ménage et que l'amour est tout, et qu'avant de faire des ouvertures au veuf de Gand, il faudrait consulter le cœur de votre Japonaise. Ce sont là, mes amis, des idées dignes de sauvages comme vous, et j'ose espérer que, la civilisation aidant, vous serez bientôt arrivés à la conclusion : qu'un veuf orné de cent mille francs gagnés à une loterie quelconque peut faire le bonheur d'une Japonaise, quel que soit d'ailleurs l'état de son cœur.

On m'a rapporté, mes amis, que vous avez sur l'amour des idées arriérées dont il serait grand temps de vous défaire. Dans un État civilisé comme le nôtre, on a, sur ce chapitre, des théories que vous partagerez un jour et qu'on vous enseignera dans les coulisses de l'Opéra, qui, sachez-le, sont le foyer le plus ardent de la civilisation contemporaine.

Il serait temps aussi, chers Japonais, d'importer la manie des congrès dans votre obscur pays. Chez nous, pour un oui, pour un non, cinq ou six individus se réunissent en congrès ; ainsi cet hiver nous verrons le congrès des joueurs d'échecs, et en Allemagne les femmes organisent un congrès pour examiner les travaux d'aiguille de notre temps. Le jeu des échecs me semble digne de fixer votre attention ; c'est une manière comme une autre de passer quatre ou cinq heures par jour, et la civilisation comme nous l'entendons n'est, somme toute, que l'art de s'occuper d'une foule de choses sans aucune utilité publique. Ainsi nous faisons des paysages avec des insectes, comme l'a prouvé l'exposition du Palais de l'Industrie, et nous corrigeons souvent la nature. Une récente tentative de ce genre a été faite par un industriel des boulevards qui vient de faire dorer les tortues qu'il vend dans son magasin ; vous avez sans doute des tortues chez vous, mes amis, mais je doute que vous ayez des tortues dorées. Chez les peuples barbares, on fait, je crois, de la soupe avec les tortues et des peignes ou des tabatières avec l'écaille ; mais vous ne vous êtes jamais demandé, vous autres Japonais, si le progrès n'assignait pas un autre emploi à ces intéressantes bêtes. De tout temps, les animaux ont joué un grand rôle dans la société civilisée : nos pères vouaient toute leur tendresse aux carlins, espèce disparue dans le tourbillon des années ; puis les perroquets ont pris leur place, et les chats sont pour les Parisiens l'objet d'une prédilection marquée ; mais un jour ces despotes de propriétaires ont décrété qu'ils n'admettraient plus chez eux ni enfants, ni chiens, ni chats. On se passerait au besoin des enfants, mais il nous est tout à fait impossible de nous passer des bêtes. Je ne sais ce que sont devenus les nombreux chiens que la rigueur des propriétaires a rejetés de la société ; mais ce que je sais, c'est que leur place au foyer domestique est fort bien occupée par les tortues ; à l'heure qu'il est, les chiens verts ont eux-mêmes disparu des salons de ces dames pour céder le pas à la tortue dorée, car de même qu'il y a fagot et fagot, il y a tortue et tortue : nous aurons des tortues *nature* pour les ouvriers, des tortues dorées pour la bourgeoisie, et des tortues garnies de diamants pour les financiers. Le jour n'est pas loin où l'on écrira des brochures sur le luxe effréné des tortues ; car chez nous, mes amis, on écrit des brochures sur n'importe quoi. La tortue dorée trouvera des adversaires et des défenseurs également acharnés. Quand vous aurez passé cinq ou six mois au milieu de nous, vous comprendrez d'ailleurs parfaitement que la nature, à l'état primitif, ne fait point l'affaire d'une nation civilisée, et que le dernier mot du progrès ne sera dit que le jour où l'on fera dorer toute la ménagerie du Jardin des Plantes.

Je ne puis trop vous engager à tout voir et à vous rendre bien compte de notre supériorité. Ainsi, les Japonais gardent les couleurs pour leurs merveilleuses porcelaines ; nous autres, nous les employons pour les femmes; le rouge est une nuance fort recherchée pour les cheveux, le noir pour les sourcils, et le vert pour les chiens.

Vous, vous portez le poignard à la ceinture; chez les gens civilisés, les femmes le mettent dans les cheveux ; vous portez des chapeaux à larges bords pour vous garantir du soleil. Quelle barbarie! Quand on veut être civilisé, on doit diminuer les dimensions de son chapeau à mesure que la chaleur augmente. Chez vous, les hommes ont une longue natte de cheveux qui descend dans le dos ; c'est un luxe que les femmes seules peuvent se permettre chez nous. Vous obtenez cette natte par la nature ; nous, par la civilisation. Il vous faut quinze ans pour arriver à ce résultat ; nos femmes se procurent les plus belles nattes en cinq minutes chez le coiffeur voisin ; car enfin, il faut que vous le sachiez bien, la civilisation n'est au fond que l'art de remplacer le vrai par le faux, de donner des perles fines en imitation pour soixante-quinze centimes la paire, de porter des colliers en diamants à quinze francs, de donner de l'ampleur à une personne maigre et de faire maigrir une personne qui se porte trop bien. Votre adorable naïveté vous fait supposer que le jour est fait pour le travail et la nuit pour le repos.

Erreur !

Pourvu que vous nous restiez jusqu'à l'hiver, vous verrez que la civilisation a changé tout cela, qu'on dort toute la journée et qu'on se lève à la nuit tombante ! N'oubliez point, je vous prie, d'étudier les ménages parisiens ; on m'a dit que, dans votre pauvre pays, le mariage est l'union de deux âmes faites pour se comprendre et heureuses de vivre ensemble.

Chez les peuples civilisés, on se marie pour d'autres motifs : l'homme est fatigué de dîner au restaurant, et la femme voudrait enfin pouvoir aller au théâtre du Palais-Royal, et c'est là souvent le double but de ce que nous appelons une paire d'époux assortis ; après le mariage, l'épouse va en effet au Palais-Royal, mais sans son mari, et le mari, lui, y va également, mais sans sa femme. Nous voyons bien, de temps en temps, un individu, rebelle au progrès, s'affranchir des liens communs et préférer la solitude des forêts à la société de ses contemporains. Dans ce cas, on lui donne le titre d'homme sauvage, et toutes les académies, qui ne se dérangeraient pas pour un homme bien habillé, envoient des députations pour étudier le sauvage du Var, qui menace de ruiner les tailleurs en se confectionnant un vêtement complet avec ses cheveux.

Dans votre pauvre pays, cher Japonais, on trouve encore des femmes avec de vrais cheveux ; si vous vouliez importer en France quelques Japonaises qui aient des cheveux à elles, on pourrait faire des recettes colossales.

Barnum, le fameux Américain, est venu tout dernièrement chez nous dans l'espoir de trouver pour son musée de New-York cet oiseau, plus rare qu'un merle blanc, qu'on appelle une actrice avec de vrais cheveux.

Si Barnum m'avait fait l'honneur de me consulter, je lui aurais répondu ceci :

— Cher monsieur Barnum, en vérité, vous êtes trop exigeant ; vous avez montré aux Américains Jenny Lind, une grande artiste, et Tom Pouce, un petit général ; mais votre public est blasé, et il lui faut maintenant des phénomènes comme une actrice avec de vrais cheveux ; je suis très-répandu dans le monde des théâtres, mais depuis la Comédie-Française jusqu'à Bobino, je cherche en vain ce qu'il vous faut. Croyez-moi, cher monsieur Barnum, ne perdez pas votre temps. Si je connaissais une petite actrice avec de vrais cheveux, je l'exposerais au Palais de l'Industrie et je gagnerais beaucoup d'argent. Donc, permettez-moi de vous donner un conseil : prenez l'actrice au théâtre et les cheveux chez le coiffeur.

N'oubliez pas, chers Japonais, de fréquenter nos cafés-concerts, où la civilisation a atteint des hauteurs inconnues chez vous, et où vous puiserez la science de mêler la musique et l'eau-de-vie dans de justes proportions. Si vous avez de la chance, vous assisterez à une émeute à l'Alcazar d'été, car on se passionne pour Thérésa comme on se passionnait autrefois pour Victor Hugo. Quelquefois aussi on se lance des chopes au visage quand la sainte musique exalte les têtes, et l'on se bat à coups de poing pour fixer la valeur artistique d'une chanteuse de gaudrioles. Je pense qu'il est tout à fait nécessaire d'importer au Japon le goût du grog mêlé de musique, et si vous pouviez nous enlever quelques étoiles des cafés-concerts et ne jamais nous les rendre, vous auriez bien mérité de la France.

Enfin, chers Japonais, étudiez, creusez la société civilisée, et tâchez d'atteindre le noble but que vous poursuivez.

Et, en revanche de la civilisation que nous vous prodiguons, chers frères du Japon, que nous donnerez-vous ?

Le moment serait peut-être venu de nous faire admirer un peu les originalités de vos mœurs; et, si vous étiez bien gentils, vous tâcheriez de vous ouvrir quelques ventres en public. Je doute qu'on vous permette de vous livrer à ces exercices au Théâtre-Français; mais nous avons à Paris un établissement spécial pour les représentations excentriques, et je ne saurais trop vous recommander l'Hippodrome si vous voulez offrir aux Parisiens le rare spectacle d'un Japonais qui s'ouvre le ventre. Comme intermède comique, ce divertissement ne laisserait rien à désirer, et l'on pourrait, en cette circonstance, porter le prix des places à dix francs.

XVII

D'OÙ VIENNENT LES ACTRICES

I. — ZULMA BOUFFAR.

C'était à Cologne, voilà tantôt douze ou quinze ans.

Une troupe de chanteurs ambulants s'était installée dans l'un des principaux cafés de la ville; ils étaient dix ou douze : Français, Hollandais et Belges; des violons déclassés, des troubadours en rupture de ban, des chanteuses fantastiques.

La bande eut beaucoup de succès, grâce à une enfant de dix ou douze ans, que les Allemands appelaient *la petite Parisienne*, et que l'affiche désignait sous le nom de Zulma Bouffar.

L'enfant était charmante... Parisienne jusqu'au

bout des ongles, elle avait de la grâce, de l'entrain, de l'audace.

On l'adorait !

Les queues de billard et les dominos, qui manœuvraient pendant les autres morceaux, se reposaient quand la petite Zulma paraissait sur l'estrade qu'on avait construite dans un coin du café.

Elle disait les chansonnettes à la mode de Paris, et elle les disait à ravir. On applaudissait à tout casser. La petite Zulma était si gentille !

Dans les cafés chantants, en Allemagne, on ne paye pas d'entrée, et les chopes n'ont pas encore atteint le prix impudent de quarante sous, comme dans les estaminets lyriques de Paris; seulement, de temps en temps, un artiste de la troupe fait la tournée et récolte la petite monnaie sur une assiette.

Quand c'était le tour de la petite Zulma de se promener avec l'assiette, les pièces blanches pleuvaient de tous les côtés.

Elle était si mignonne !

Et son père avait une si bonne tête ! De temps en temps, le père Bouffar daignait venir s'asseoir à notre table et accepter un verre — ou deux — ou trois — ou quatre — de notre petit vin du Rhin. Il avait le petit mot pour rire, ce bon père Bouffar.

Un décret, qui avait un instant expulsé les enfants

de la scène, l'avait soi-disant mis sur la paille et interrompu le colossal succès de sa fille au Pavillon des Ambassadeurs.

Pour les bourgeois de Cologne, le Pavillon des Ambassadeurs était une succursale de l'Académie impériale de musique !

Le père Bouffar parlait des splendeurs de Paris, du monde du théâtre et des coulisses ; il ne s'arrêtait qu'au moment où sa fille montait sur l'estrade pour dire une chansonnette.

Alors ses yeux lançaient des flammes, son teint se colorait, tous les muscles de son visage se contractaient.

— Bravo ! bravo ! criait de temps en temps le nouveau père de la débutante.

Et, s'adressant à ses voisins, il ajoutait :

— Ce sera une grande artiste !

Huit jours après, la bande ambulante avait quitté la ville. On ne se souvenait plus du père Bouffar ; mais souvent, dans ma vie, en voyant passer sur le boulevard ces pauvres petites filles qui jouent du violon devant les cafés, quand les sergents de ville sont loin, ma pensée se reportait vers la petite Zulma, et je me demandais ce que pouvait être devenue la petite chanteuse de gaudrioles.

Qu'on juge de ma surprise quand, il y a trois ou

quatre ans, en assistant à une première représentation au théâtre des Bouffes, je vis entrer une jeune fille au regard vif, aux allures audacieuses.

C'était la petite Zulma Bouffar.

Elle n'était point devenue une grande artiste, ainsi que l'avait prédit son père; mais c'était une agréable petite comédienne qu'on a applaudie dans vingt rôles, et entre autres dans celui de l'Amour des *Bergers*.

Je ne puis voir en scène mademoiselle Bouffar sans penser à l'obscur café de Cologne. Il me semble toujours que c'est la petite Zulma, et, quand elle a dit avec le goût que l'on sait une fine mélodie d'Offenbach, j'attends qu'elle descende dans la salle et fasse le tour avec l'assiette.

II. — L'Actrice internationale.

Celle dont je vais parler est la fille d'un estimable magistrat allemand, et, si je tais son nom, c'est que son histoire n'a rien de commun avec l'art.

Comment débuta-t-elle au théâtre? Je l'ignore, mais je sais qu'elle tenait, il y a dix ans, le haut du pavé à Berlin.

C'était une sorte de Déjazet allemande, vive,

alerte, spirituelle. Son succès fut énorme ; on se disputait un de ses regards, un de ses sourires ; et dans son antichambre, les jeunes fils de famille, qui sont les mêmes dans tous les pays, couvraient d'or l'indiscrète femme de chambre qui consentait à glisser un billet parfumé dans le boudoir de sa maîtresse.

Un jour, dans l'antichambre se rencontraient deux gentilshommes, le baron de Z..., jouissant de trente mille francs de rentes ; l'autre, M. de C..., pauvre officier prussien.

— Lieutenant, dit le baron, que venez-vous faire ici ?

— Et vous-même ?

— Moi, je compte présenter mes respects à mademoiselle.

— Je viens dans le même but.

— Fort bien. Quelles sont vos intentions à l'égard de cette dame ?

— Je ne vous reconnais pas le droit de me le demander.

— Peut-être.

— Êtes-vous son frère ? demanda le lieutenant.

— Non.

— Son parent ?

— Non.

— Son amant?

— Moins encore.

— A quel titre alors m'interrogez-vous ; car je pense que vous n'êtes pas son époux?

— Je le serai bientôt.

— Ah bah!

— Parole d'honneur ! s'écria le baron.

— Et moi, fit le lieutenant, je parie que vous ne l'épouserez pas?

— Qui m'en empêchera?

— Moi, monsieur le baron!

Et il tendit sa carte à son rival.

Quarante-huit heures après, le baron et le lieutenant se rencontraient sur le terrain.

L'arme choisie était le pistolet.

Au signal donné par les témoins, deux coups de feu partaient en même temps.

Le baron tomba frappé en pleine poitrine.

Mais avant de se battre pour la femme aimée, le baron avait fait un testament par lequel il donnait toute sa fortune à l'actrice, et celle-ci ne crut pouvoir mieux honorer la mémoire du défunt qu'en épousant le lieutenant.

Ce mariage fut un grand scandale : l'officier dut donner sa démission, et vint se fixer à Paris avec sa jeune épouse.

Mais que fait-on à Paris de trente mille livres de rente ? On les croque en peu de temps, et les époux n'en étaient encore qu'au premier quart de leur lune de miel, que la fortune du baron trépassé avait déjà été mangée à moitié. Deux ans après l'heureuse union dont je viens de parler, il ne restait plus un sou, et quand la misère arrive, les illusions disparaissent.

Un beau jour, l'ex-lieutenant était parti pour l'Amérique, où il entra au service du Sud. Il se battit comme un lion et mourut comme un héros.

Pendant ce temps, la veuve inconsolable se promenait au Bois dans un huit-ressorts que lui avait confié une de ces femmes d'un âge douteux qui lancent des jeunes personnes d'un âge avouable.

La jeune Allemande promettait beaucoup, et elle a tenu ses promesses. En trois ans, elle est devenue une petite dame fort remarquable, et elle eut alors un retour vers le théâtre. Seulement, comme la langue allemande est fort peu en usage sur les scènes parisiennes, l'actrice d'outre-Rhin eut quelques difficultés à s'acclimater chez nous. Il est vrai qu'elle prit beaucoup de leçons chez le professeur Boudeville, et qu'elle débuta un soir au petit théâtre de la rue de la Tour-d'Auvergne, dans *Diane de Lys*, de Dumas fils.

Qu'on juge de l'éclat de rire qui partit des quatre coins de la salle, quand Diane parla ainsi :

« *Je d'ai fait une betide mensonge... je d'ai tit qué nu allions vaire un betit fisite...* »

Ce n'était pas mal pour une Allemande, mais c'était insuffisant pour une actrice française.

Après ce premier début, l'Allemande se tourna vers la musique. L'accent disparaît sous le bruit de la grosse caisse. A l'heure qu'il est, elle chante les chœurs sur une petite scène lyrique, et quand on lui fait un compliment au foyer, elle répond :

— *Daisé fu tonc! fu tissez tes pêtises.*

Ceci ne l'empêche point de passer pour une jolie Parisienne aux yeux de plusieurs étrangers, qui ne sont pas difficiles sur le chapitre de la langue française.

III. — Léonide Leblanc.

Il y a six ou sept ans, un homme d'esprit de mes amis, que je désignerai sous le pseudonyme de Lambert Thiboust, m'entraîna vers les hauteurs de Belleville.

Devant le café du théâtre, nous nous arrêtâmes.

— Entrons ! dit mon compagnon.

— Ah çà ! lui demandai-je, que venez-vous faire ici ?

— Je viens engager une actrice.

— Une actrice ? Ici ?

— Parfaitement.

— Mais où est-elle?

— Là-bas, dans le coin.

En effet, au fond de l'établissement, j'aperçus une adorable enfant... quinze ans à peine... un visage frais et rose... le regard vif et intelligent. Ses traits réguliers et doux avaient une expression de candeur et d'innocence que les yeux démentaient.

Cette petite fille frappa sur la table et s'écria :

— Garçon ! un grog américain !

Quinze jours après, elle jouait la comédie au théâtre des Variétés... A la fin du mois, elle avait sa voiture.

Trois semaines plus tard, elle était ruinée, et, vers une heure du matin, elle montait le faubourg Montmartre avec un journaliste parisien, qui lui offrait, en passant, chez un charcutier, pour cinq sous de fromage d'Italie.

Mais un beau jour la petite fille se brouilla avec l'Italie et son fromage.

La diplomatie autrichienne était étrangère à cet événement.

Une affaire industrielle, sur laquelle elle a toujours

gardé le plus profond secret, vint redorer le blason de Léonide Leblanc.

La Bourse de Vienne s'en ressentit... et le commerce des saucissons fut cruellement frappé par la prospérité de la petite actrice.

Une année s'était écoulée.

Des bruits malveillants circulaient sur le boulevard... un tel se vantait, par exemple, d'avoir acheté un guéridon qui avait appartenu à la belle actrice.

On disait la maison Léonide Leblanc ruinée et son chef en fuite.

Les actions de la Compagnie des petits saucissons réunis montèrent de deux sous !

C'était au printemps.

Deux mois plus tard, j'arrivais à Hombourg.

Autour du tapis vert étaient réunis le ban et l'arrière-ban des joueurs parisiens.

Évidemment à cette table se trouvait un joueur extraordinaire, car la foule était telle que je ne pouvais approcher.

Mais j'entendis le croupier qui disait :

— Combien fait la masse ?

Personne ne répondit.

— Que fait la masse ? reprit le croupier.

— Douze mille francs ! fit une petite voix douce.

Cette voix était bien la même qui criait à Belleville :

— Garçon, un grog américain !

Les billets s'amassaient sur le tapis vert.

À chaque coup de cartes, le croupier demandait :

— Combien la masse ?

Et la jeune enfant répondait : Douze mille francs ! comme elle eût dit chez le charcutier : Donnez-moi pour cinq sous de fromage d'Italie.

À minuit, Léonide Leblanc avait gagné quatre cent mille francs.

Huit jours après, elle était à Paris... sans les billets, et demandait quatre cent mille francs à la librairie parisienne.

La littérature lui envoya un à-compte de vingt-cinq louis.

Eh bien ! c'est avec ces cinq cents francs, prix d'un volume, que la belle actrice a commencé une nouvelle vie, et, grâce à un incessant labeur, la voici en position de s'offrir un hôtel de quatre-vingt-dix mille francs.

Tout est pour le mieux.

Cet exemple montre aux populations qu'il ne faut jamais désespérer, et que si la vie parisienne nous réserve un jour d'amères déceptions, le lendemain peut nous ramener la prospérité et le bonheur.

N'oublions pas que Léonide Leblanc a commencé sa saison avec vingt-cinq louis, et que le banquier Jacques Laffitte a commencé sa carrière avec une épingle.

XVIII

BEAUX-ARTS ET BRIC-A-BRAC

Tous les ans, vers le premier mai, les Parisiens ont l'air triste et ennuyé : la gaîté ordinaire a disparu; on ne rencontre que des gens brisés par la fatigue.

— Bonjour. Comment allez-vous?

— Très-bien! Pardon, je suis excessivement pressé.

— Et où courez-vous ainsi?

— Je vais me reposer... Mon cher, je viens du Salon... Je suis moulu. A revoir.

Je ne connais, en vérité, rien de plus fatigant qu'une promenade au Palais de l'Industrie, où l'on a réuni deux mille tableaux et un certain nombre de sculptures que je n'ai pas osé compter; il faut une tête autrement solide que la mienne pour contempler et analyser toutes ces toiles. J'ai vu tant de Bretons, de Bédouins et de troupiers, que tout cela se confond dans ma pensée, et que je vois devant moi des Africains qui embrassent des chasseurs d'Afrique, et des Bretons qui dansent en rond avec tous les saints du calendrier. J'ai toujours pensé qu'à minuit, heure des esprits, il devait se passer de singulières choses au Palais de l'Industrie ; je me figure volontiers que les bonshommes descendent de leurs cadres, que l'éternel César, qu'on revoit chaque année, gémit, et que saint Pierre aimerait bien mieux reprendre sa place au Paradis que d'être rôti sous les coupoles du Palais de l'Exposition.

Je donnerais volontiers les deux mille tableaux, plus les sculptures qu'on envoie tous les ans, pour une toile de dix centimètres carrés qui révélerait un artiste nouveau, original.

On ne me fera pourtant pas croire que, dans cet immense Paris, il n'y ait pas un artiste, inconnu aujourd'hui, qui ait de grandes aspirations et qui songe à faire autre chose que ces éternels Bédouins, Bretons ou chasseurs d'Afrique. En sculpture, l'élan est déjà donné par un tout jeune homme, M. Dubois, qui a remporté la médaille d'honneur au dernier Salon.

Cet immense talent s'est révélé, il y a deux ans, par une statue en plâtre, *Saint Jean-Baptiste*, qui attira l'attention du jury et des artistes, et cette année, il s'est placé au premier rang parmi les maîtres, par son *Joueur de mandoline*. Je ne connais pas M. Dubois, mais j'ai une grande sympathie pour ce courageux jeune homme, dont le talent a résisté à toutes les épreuves de la misère. Il y a deux ans, au Salon, tout en admirant la statue de M. Dubois, les artistes faisaient des réserves sur les proportions de l'œuvre. On déplorait que le statuaire n'eût pas fait son saint Jean-Baptiste sur une échelle plus grande : on aurait voulu une statue gigantesque, une de ces machines qu'on est convenu d'appeler la grande sculpture, parce que les personnages ont cinquante pieds. M. Dubois travaillait en petit, car ses moyens ne lui permettaient pas de faire plus grand. Il était allé à Rome s'inspirer des grands maîtres, et vivait là-bas dans une toute petite chambre, à défaut d'un atelier qu'il ne pouvait payer; il était bien forcé de calculer la grandeur de son œuvre sur les proportions de son logement. Mais le voilà sauvé ! Si je ne me trompe, la médaille d'honneur est accompagnée d'une pension de cinq mille francs pendant cinq ans, et le jeune et brillant artiste pourra s'élever aux hauteurs que la misère lui défendait d'atteindre autrefois. Ses grandes aspirations ne viendront plus se briser contre le bas plafond de sa mansarde.

En voilà un de sauvé ! Aux autres maintenant ! Je ne veux pas renouveler ici la triste épopée, si souvent racontée, des obstacles que les jeunes artistes rencontrent à leurs débuts.

A quoi bon, d'ailleurs?

Le premier bavard venu nous jetterait à la tête cette phrase banale toute faite pour les circonstances :

— Monsieur, jamais la misère n'a empêché un artiste d'arriver. Voyez plutôt un tel. Son père était portier, et le voilà, lui, membre de plusieurs académies et chevalier d'une foule d'ordres.

On montre au jeune artiste une gloire sortie de l'obscurité, comme on désigne au conscrit un maréchal de France qui est parti simple soldat.

Mais tout cela ne prouve point que tout héros deviendra maréchal de France et que tout artiste de talent arrivera à la gloire.

Lorsque le canon se tait et que la fumée se dissipe, vous acclamez le lutteur heureux... Mais les autres, arrêtés en route par les hasards de la guerre, s'en retournent dans leur village ensevelir leurs rêves et leurs espérances. Vous ne les connaissez pas...

En art, c'est absolument la même chose. Les uns arrivent à la célébrité, les autres succombent en route. Ne croyez pas au génie incompris! mais moi, je crois au talent découragé, à la lassitude, au dégoût, aux intelligences que la lutte éteint; je crois au jeune artiste qui jette son talent dans la boue comme un dernier défi à la Providence!

Il est probable que nous aurions plus d'artistes si nous avions plus d'amateurs des beaux-arts. Que voulez-vous? il n'y a plus de grande peinture parce que nous n'avons plus de grands seigneurs et de grands palais; aujourd'hui il s'agit de travailler pour les entre-sols des spéculateurs heureux et les boudoirs des cocottes.

De petites gens... de petits artistes et de la petite peinture!

A l'hôtel des Ventes, on se passionne encore parfois pour les anciens; mais c'est une affaire de mode: il faut avoir un Ruysdaël dans sa galerie comme on a un cheval de course dans son écurie.

C'est le moment de raconter cette histoire d'un gros financier qui avait chargé un marchand de tableaux de lui trouver une galerie complète.

Un jour que le spéculateur était absorbé par les cours de la Bourse, le marchand entre dans son cabinet et lui dit:

— J'ai fait une trouvaille... un Van Dyck superbe ! Faut-il l'acheter ?

— Dame ! fait le financier, croyez-vous l'affaire bonne ?

— Excellente.

— Eh bien ! mon cher, achetez-moi vingt-cinq Van Dyck fin courant.

Je connais pourtant quelques collectionneurs distingués... de vrais connaisseurs.

L'histoire des *Moulins* d'Hobbema, cette belle toile, qui a tant ému les habitués de l'hôtel des Ventes, mérite d'être rapportée ici.

Au commencement de ce siècle, l'Académie d'Anvers ouvrit un concours pour les paysagistes de son école. Parmi les toiles exposées se trouvait une page singulière, qui semblait appartenir aux temps passés et qui était signée du nom d'un jeune peintre.

Le directeur de l'Académie fit venir l'artiste et lui dit :

— Où avez-vous pris ce paysage ?

— En Flandre.

— C'est curieux, dit le directeur, je ne me souviens pas d'avoir vu dans ce pays les singulières constructions que vous avez reproduites sur votre toile. L'architecture, la couleur, la composition, rappellent le temps de Ruysdaël.

Le jeune peintre se trouble, rougit, et finit par avouer qu'il a copié le tableau chez un fermier du pays de Gueldre.

Le directeur, curieux de voir l'original, se met en route le soir même, et découvre, dans une simple ferme, deux tableaux d'Hobbema qu'il achète moyennant quatre cents florins ; l'une des deux toiles fut reconnue comme un chef-d'œuvre de premier ordre : elle représentait quelques moulins qui se reflétaient dans l'eau, et fut désignée depuis sous la dénomination des *Moulins*.

Quinze années après, *les Moulins* furent vendus cinquante mille francs à un amateur belge.

Il y a cinq ou six ans, j'entrai à l'hôtel des commisseurs-priseurs avec un boursier allemand de mes amis ; on vendait *les Moulins* d'Hobbema, et M. Schultze, de Berlin, acheta le tableau célèbre pour une centaine de mille francs ; le même soir, il partit pour la Prusse avec son trésor.

Deux années s'étaient écoulées, quand un jour je rencontrai sur le boulevard le spéculateur prussien.

Après les premières salutations, il me dit :

— Savez-vous ce que je viens faire à Paris?

— Je l'ignore.

— Vous souvenez-vous encore des *Moulins?*

— Parfaitement.

— Eh bien ! mon ami, j'ai essuyé depuis deux ans un certain nombre de faillites... j'ai perdu beaucoup d'argent, et je voudrais bien vendre mon tableau. Voilà pourquoi je suis à Paris... Mais je ne connais qu'un homme au monde qui consentirait à payer ma toile ce qu'elle vaut, et cet homme est M. de Morny.

Huit jours après, *les Moulins* d'Hobbema devinrent la propriété de M. le président du Corps législatif, et M. Schultze retournait à Berlin avec un tableau de moins et cent vingt mille francs de plus.

. . . .

. . . .

Il en est des arts appliqués à l'industrie comme de la peinture contemporaine : la dernière exposition avait attiré aux Champs-Élysées cette fraction de Paris qui ne consacre pas encore tous ses loisirs aux grogs américains appliqués aux cafés-concerts.

Cette exposition était divisée en deux parties : au premier étage se trouvaient les merveilles des temps passés, alors que les simples potiers étaient de grands artistes dont la postérité a conservé les noms et les œuvres ;

En bas se trouvaient les produits de l'industrie

contemporaine, qui ressemblent à l'art comme ces dames du Lac ressemblent aux honnêtes femmes.

L'industrie suit les hommes dans leurs éternelles variations ; nous vivons à une époque où les artistes, comme les autres hommes, ont perdu l'habitude de construire lentement, avec soin et persévérance, une fortune ou un meuble.

Dans le gigantesque steeple-chase auquel nous assistons, il s'agit d'aller vite avant tout ; les fortunes se font en une liquidation, et les meubles se fabriquent en un tour de machine à vapeur. Les fortunes à grande vitesse ressemblent à première vue à la richesse patiemment et laborieusement acquise par nos pères ; les meubles, à première inspection, ressemblent aux meubles anciens ; mais un beau matin le vent de la démolition souffle sur ces produits factices : les grandes fortunes bâties sur la pointe d'un crayon d'agent de change s'écroulent, et les moulages en carton-pâte, qui ont remplacé la vaillante sculpture d'autrefois, se brisent. De l'homme influent qui brillait hier, il ne reste qu'un vilain monsieur, et de la superbe armoire que nous admirions de confiance, il ne reste qu'un vilain meuble.

Toute la société contemporaine, la société Ruolz, était au rez-de-chaussée du Palais de l'Industrie ; au premier étage, vous voyiez défiler devant vos yeux éblouis les merveilles d'autrefois. Regardez ces bronzes cloisonnés dont la Chine elle-même a perdu le secret. Quarante siècles, plus peut-être, n'ont pu altérer l'émail et effacer les ciselures, et puis, en sortant de là, promenez-vous devant les magasins de nos fabricants de bronzes : vous y retrouverez les mêmes vases, les mêmes couleurs, les mêmes dessins; mais, en y regardant de plus près, vous trouverez que la couleur de l'émail moderne ressemble à l'émail chinois comme le maquillage d'une femme à la mode ressemble au teint rose et frais d'une jeune fille; les formes, qui vous paraissent tout d'abord élégantes, ont je ne sais quoi de *canaille* — passez-moi le mot; — tout cela, vu de près, n'est qu'une vilaine contrefaçon des bronzes anciens; ce sont là de ces objets d'art qu'on fabrique à la douzaine, comme les biberons en caoutchouc ou les gilets de flanelle.

C'est que les anciens travaillaient pour l'éternité, et nous, nous travaillons pour l'hôtel des Ventes. Les bronzes chinois se transmettaient de génération en génération comme de précieuses reliques; les bronzes contemporains passent du magasin au boudoir et du boudoir à l'hôtel des commissaires-priseurs, pour retourner ensuite dans un autre boudoir. Je ne sais rien de plus attristant pour notre époque

que la double-exposition des Champs-Élysées. En haut, c'était l'art, la poésie, l'élégance des formes, la recherche du beau, le labeur patient et consciencieux ; en bas, l'industrie, la prose, la déchéance de la main-d'œuvre, la fabrication à la vapeur, la recherche de produire un objet qui paraît beaucoup et qui n'est rien ; en haut, les meubles anciens, immenses, superbes, forts, magnifiques ; en bas, quelques produits modernes construits à la hâte, sans goût et sans art, et qui ne dureront même pas ce qu'a duré la galette du Gymnase. L'exposition du premier étage brillait surtout par les objets d'art, qui témoignent de l'importance que le foyer avait autrefois dans la société : les tentures, les meubles, les bronzes, sont faits pour charmer les yeux et attacher l'homme à son intérieur ; au rez-de-chaussée, la plus haute expression de l'art contemporain est le coupé des hommes d'affaires ou le huit-ressorts des femmes d'affaires, de tout ce monde enfin qui vit au grand air, entre la Bourse et le Bois, qui n'a plus le temps ni de s'asseoir dans un gigantesque fauteuil, ni de se reposer au coin d'une formidable cheminée.

On trouvait, parmi les objets d'art prêtés à l'exposition par les grandes familles de l'émigration polonaise, une cheminée du bon vieux temps qui portait à la rêverie. Elle était immense, et faisait revivre dans notre esprit le touchant tableau de la vie de famille d'autrefois. C'est là que pouvaient se réunir tous les membres d'une famille, regardant les énormes bûches que nous avons remplacées par des fagots à deux sous.

Comparez à cela nos cheminées d'aujourd'hui : d'année en année, elles deviennent plus petites; le mari et la femme ont de la peine à se chauffer les pieds, et si par hasard — ce qui arrive encore assez souvent — il leur naît un enfant, on l'envoie se chauffer en pension, car il n'y a pas de place pour lui à la cheminée de son père.

Et quand on avait suffisamment rêvé au premier étage, le rez-de-chaussée et l'industrie contemporaine vous ramenaient à la réalité.

Après les objets d'art, on admirait une cafetière à musique qui était, en résumé, la seule supériorité de l'industrie artistique de notre époque sur les produits des temps passés.

Nos pères avaient les superbes tentures qui sont des tableaux de maître, les splendides meubles sculptés par les grands artistes, qui restent comme autant de monuments élevés en l'honneur des artisans d'autrefois. Ils avaient encore les délicieuses faïences, ornées de peintures auxquelles nous avons peu à peu substitué les rébus qui ornent nos assiettes de dessert ; ils avaient les coupes ciselées par Benvenuto Cellini, et les plats de Bernard Palissy ; mais nous, nous avons la cafetière à musique, qui leur était inconnue, qui fait l'honneur de notre temps, et qui parlera aux générations à venir des efforts que fait l'industrie contemporaine pour s'élever à la hauteur de l'art.

Je dois ajouter toutefois, pour donner une preuve de mon entière impartialité, que l'exposition du rez-de-chaussée avait encore un autre avantage sur celle du premier étage : on y fumait et l'on y prenait des glaces ; et c'est ce qui explique pourquoi bon nombre de visiteurs, qui placent le cigare au-dessus de l'art, traversaient rapidement l'exposition rétrospective, et s'installaient ensuite au milieu des carrosses et des orgues de barbarie, qui sont le principal ornement de l'industrie contemporaine.

XIX

LES DRAMES PARISIENS

I. — AFFAIRE ÉMILE DE GIRARDIN.

Détails horribles.

Surexcitation d'un auteur applaudi. — Provocation en duel. — Tentative de meurtre. — Attaque à main armée sur la photographie de Dumas fils. — Intervention du photographe Nadar. — Un drame dans les nuages. — Un honnête homme pris pour un voleur. — Le cuisinier à la broche. — Incendie d'un hôtel. — Le pompier victime de son dévouement. — Poursuite d'un coupable. — Horribles accidents aux Champs-Élysées. — Détérioration de la propriété d'autrui. — Soixante-quinze témoins. — Arrestation du coupable.

Le samedi 30 avril 1865, les habitants de la rue Richelieu furent mis en émoi par les applaudissements que provoquait au Théâtre-Français la première représentation du SUPPLICE D'UNE FEMME, comédie en trois actes. Vers dix heures du soir, au moment où l'enthousiasme était à son comble, un homme de taille moyenne se précipita du balcon du Théâtre-Français dans la rue et cria :

— Au secours! A la garde! Je proteste! On a abîmé ma pièce! A bas Dumas fils! C'est une infamie! Cette comédie n'est pas la mienne! Jamais je ne signerai ça... Ma pièce était bien meilleure... Mon manuscrit ou la mort!

Ce malheureux, qui paraissait en proie à une horrible surexcitation, n'était autre que M. Émile de Girardin, l'auteur de la pièce à succès. De nombreux changements, opérés dans son ouvrage par quelques écrivains de bonne volonté, étaient la cause de cette bruyante manifestation, qui troubla dans leur premier sommeil les paisibles habitants du quartier.

Plusieurs personnes se mirent à la poursuite de ce fauteur de désordre, qui disparut dans les environs de la Fontaine-Molière, où l'on perdit sa trace.

La nuit, qui, on le sait déjà, porte d'excellents conseils, semblait avoir rendu le calme à M. de Girardin, car le lendemain il se leva à six heures, prit une tasse de thé, ainsi que deux œufs sur le plat, et s'achemina vers les bureaux de *la Presse*.

En entrant dans son cabinet, M. de Girardin aperçut sur son bureau deux énormes bouquets que les machinistes du théâtre lui avaient apportés dès six heures du matin. A la vue de ces fleurs, M. de Girardin ne put contenir un tressaillement nerveux; cependant il fut assez maître de lui pour cacher le dépit que lui causait cette ovation, et il se mit à dépouiller son courrier.

Rien ne faisait prévoir le drame qui se préparait.

Il était environ midi, quand un employé du télégraphe remit à M. de Girardin le billet suivant du directeur de la Comédie-Française :

« *Location assaillie par foule enthousiaste.*

» THIERRY. »

M. de Girardin, indigné du succès que le théâtre avait remporté avec *le Supplice d'une femme*, considéra avec raison ces mots comme une insulte personnelle, et, dix minutes après, deux de ses confrères se rendirent au domicile de M. Thierry pour lui demander une réparation par les armes.

Dès ce moment les premiers symptômes de la fièvre commencèrent à se montrer.

Girardin parcourut les bureaux de *la Presse* en criant :

— Qu'on me rende ma pièce primitive !

Aussitôt on courut chercher le docteur Rouy, qui

ordonna à son client une promenade de sept heures, comme les gigots de Grossetête.

Girardin se mit donc en route.

Il ne tarda pas à attirer l'attention des passants, qui l'entendaient murmurer :

— Immense succès... Excellente pièce... Mais la mienne était bien meilleure... Pour un million je ne signerais pas cette comédie, qui ne ressemble plus au manuscrit que j'ai apporté au théâtre... Oh ! ce fils Dumas... A la ligne ! à la ligne !

Au coin de la rue de la Chaussée-d'Antin, Girardin, dont la surexcitation grandissait à chaque pas, rencontra un de ses amis, qui lui dit :

— Permettez-moi de vous féliciter de l'immense succès que vous avez remporté au...

Le malheureux ne put finir.

D'un bras vigoureux Girardin saisit son interlocuteur et le jeta sous l'omnibus de la Madeleine à la Bastille ; après quoi le coupable entra chez un pâtissier.

Une heure sonnait à la pendule de Ponson du Terrail quand Girardin arriva devant l'établissement photographique de Nadar.

En apercevant à la devanture les portraits de MM. Dumas fils et Régnier, Girardin, qui, on le sait, croyait avoir à se plaindre de ces messieurs, eut un accès de colère bleue... Il tira une épée qu'il avait adroitement cachée dans un jonc, et porta aux deux victimes plusieurs coups mortels ; puis, enjambant l'escalier quatre à quatre, il se précipita dans l'atelier, et, saisissant Nadar par sa longue chevelure, il s'écria :

— Tu es leur complice ! Photographe, tu vas mourir ! J'enverrai ta tête à mademoiselle Favart !

Dans cette situation critique, Nadar conserva tout son sang-froid ; il se dégagea des étreintes de son adversaire, sauta dans son ballon *plus lourd que l'air*, et cria :

— Lâchez tout !

Le ballon s'éleva avec une certaine majesté.

Mais, plus prompt que l'éclair, Girardin, qui paraissait décidé à ne pas lâcher sa proie, avait saisi une corde du ballon, et exécuta ses merveilles gymnastiques à soixante-quinze pieds au-dessus du niveau de l'obélisque de Luxor.

Quelques cocottes, qui se rendaient au Bois, virent passer le ballon, et murmurèrent :

— Tiens ! tiens ! on voit bien que l'Hippodrome est ouvert.

Mais bientôt, averti par les clameurs de la foule, Nadar s'aperçut du danger qui menaçait ses jours.

Dans les environs de l'Arc de Triomphe il ouvrit la soupape, et le ballon descendit doucement.

Quand Girardin eut touché le toit de son hôtel, Nadar coupa la corde, et, s'élevant dans les airs, il s'écria :

— Sauvé, mon Dieu, sauvé!

Sur ces entrefaites, le portier de l'hôtel fut averti par un passant qu'un inconnu se promenait sur les toits, et que cet inconnu, vu son habit noir et sa cravate blanche, n'avait rien de la tenue d'un couvreur ordinaire.

Quelques sergents de ville, en surveillance dans le quartier, vinrent arrêter le faux couvreur, qui n'eut pas de peine à faire constater son identité dans son propre hôtel, et les agents se retirèrent; sur le seuil de la porte, Girardin leur dit :

— Vous savez que je ne suis pour rien dans la pièce... ma comédie était bien meilleure... J'ai néanmoins vendu le drame à Michel Lévy. Les affaires avant tout!!!

Les sergents de ville ne cherchaient même pas à comprendre les propos de Girardin, qu'ils prenaient pour un innocent monomane, et ils s'éloignèrent sans défiance.

Hélas! ils auraient bien mieux fait de rester, au risque même d'entendre la lecture du premier manuscrit.

Après le départ des agents de l'autorité, Girardin, en proie à une fièvre brûlante, parcourut plusieurs pièces de son hôtel, avec l'air sinistre d'un homme qui médite un mauvais coup.

Comme il traversait l'office, il aperçut sur le buffet un énorme gâteau de Savoie ; sur le sommet de ce gâteau, et retenu par un fil de fer, se balançait gracieusement un Amour en sucre, porteur d'un drapeau sur lequel on lisait ces mots :

« Honneur à l'auteur du *Supplice d'une femme !* »

— Ah ! c'est trop fort ! le succès d'une pièce qui ne vaut pas la mienne me poursuit dans mon propre hôtel ! Nous allons bien rire !

Et saisissant à la gorge le cuisinier, qui passait avec un canard plumé, Girardin transporta son Vatel dans la cuisine et le mit à la broche avec son oiseau.

Les témoins de ce méfait, au lieu de s'opposer à la perpétration du crime, prirent lâchement la fuite, et il est de notre devoir de les flétrir publiquement.

Le canard embroché ne disait rien ; mais, en revanche, le cuisinier n'était pas content : il poussa d'atroces hurlements jusqu'au moment où les flammes étouffèrent sa voix, et comme ce malheureux était excessivement gras, il communiqua rapidement le feu à la cheminée.

La lueur de l'incendie attira les pompiers du poste voisin, qui cherchèrent à pénétrer dans l'hôtel; mais Girardin avait barricadé les portes et les fenêtres, et il jeta une garniture de cheminée sur la tête du premier pompier qui s'avança.

La victime tomba en murmurant :

— J'ai deux femmes et un enfant !

Puis, comme les flammes commençaient à lécher ses vêtements, Girardin sauta dans la rue.

On se mit à la poursuite du coupable, qui descendait les Champs-Élysées.

Hélas ! on ne put arrêter ce forcené.

Un brave ouvrier se jeta à la tête du criminel ; mais après avoir été traîné jusqu'au rond-point, il dut lâcher Girardin, qui, d'un suprême effort, lança le pauvre artisan sur le trottoir, où il fut relevé ne donnant plus signe de vie.

Girardin, débarrassé de son adversaire, continua ses tristes exploits.

Il se précipita avec rage sur le théâtre Guignol, en criant :

— Ils n'ont pas joué ma première pièce ! Je démolirai le théâtre !

Un craquement terrible se fit entendre.

Le théâtre Guignol, pain de toute une famille, n'était plus qu'une ruine.

Pourchassé par la foule toujours grossissante, Girardin poursuivit sa course furibonde, non sans faire trois nouvelles victimes.

Sur son passage il mordit deux nourrices et un turco.

Mais la justice humaine attendait le coupable.

A la place de la Concorde, un brave sergent de ville, esclave de son devoir, et dont je regrette de ne pas savoir le nom, se jeta au-devant du coupable.

Une lutte horrible s'engagea.

— Ce n'est pas ma faute ! hurlait Girardin ; il faut arrêter Dumas fils !

Plusieurs agents de l'autorité vinrent au secours de leur camarade, et l'on put enfin s'emparer de ce forcené, que les sergents de ville eurent beaucoup de peine à soustraire à la juste indignation de la foule exaspérée.

Les populations puiseront dans cette affaire, devenue célèbre, un triste enseignement.

Ils verront où la profession d'auteur dramatique peut conduire leurs enfants.

II. — Incendie chez d'Ennery. — Détails émouvants.

Tout n'a pas été dit sur l'incendie qui a dévoré récemment les splendides appartements du plus spirituel de nos dramaturges.

Nous sommes en mesure d'ajouter quelques détails aux diverses relations publiées par les gazettes.

Il était huit heures du matin.

Dans un somptueux appartement, au premier étage du n° 14 du boulevard Saint-Martin, un homme était assis devant son bureau.

C'était d'Ennery, qui, hiver comme été, est debout à six heures.

Depuis deux heures, le dramaturge était là tout pensif, appuyant sa blanche chevelure dans la main, rêvant aux drames de l'hiver prochain.

Que se passait-il dans ce cerveau en ébullition ?

Nul ne le sait, car d'Ennery n'a pas l'habitude de raconter ses idées de pièces aux passants.

Mais soudain, cédant à un mouvement d'impatience, le fameux dramaturge se leva et murmura :

— Non ! non ! cette fin d'acte est impossible... Il faut trouver autre chose... La comtesse est enfermée dans son appartement par Renardin, qui, pour se se débarrasser de sa femme, prétend qu'elle est folle... Mais Maurice a juré de la sauver... Tout à coup on entend dans les corridors un cri...

— Au feu ! au feu ! hurla le domestique de d'Ennery en se précipitant dans le cabinet.

— Non, mon ami, dit le dramaturge, les incendies sont usés au théâtre. Il faut trouver autre chose.

Hélas ! ce n'était point une fiction d'auteur dramatique... Une fumée épaisse envahissait l'appartement.

— Sauve qui peut ! s'écria la cuisinière.

Et, saisissant son illustre maître au collet, elle l'entraîna dans la rue.

En un instant, tout le quartier fut en émoi.

Les garçons du café voisin coururent avertir les pompiers...

Et pendant ce temps les flammes se développaient avec une rapidité effroyable.

— Tous mes manuscrits sont perdus ! murmura d'Ennery.

Et il tomba dans les bras de Paulin Ménier, qui, le premier, était arrivé avec un seau d'eau.

Cinq minutes après, il se fit un grand mouvement sur le boulevard.

— Les voilà ! les voilà ! cria la foule.

C'étaient les pompiers du poste voisin.

On connaît l'admirable dévouement de ce corps d'élite... En un instant le service de sauvetage fut organisé, et bientôt on vit scintiller dans la fumée les casques brillants.

En ce moment l'omnibus de la Madeleine accrocha un fiacre.

Un craquement épouvantable se fit entendre.

D'Ennery renaissait à la vie dans les bras de Paulin Ménier.

— Où suis-je ? murmurait-il. Dieu tout-puissant ! c'est donc vrai... tout est brûlé... Oh ! il faut que je sauve mon *Histoire du quinzième siècle* à laquelle je travaille depuis dix ans !

Et repoussant Paulin Ménier qui voulait le retenir, d'Ennery se précipita dans la maison incendiée.

Un instant après on le vit sortir... Ses cheveux étaient en désordre... son teint livide... ses traits défigurés.

— Une échelle ! une échelle ! fit-il.

En présence du danger, d'Ennery avait retrouvé la vigueur de sa première jeunesse.

En deux bonds il fut sur la terrasse au-dessus du foyer de la Porte Saint-Martin... On le vit s'élancer dans les flammes.

— Grand Dieu ! s'écria de Chilly qui venait d'arriver sur le théâtre de l'incendie... s'il meurt... je mourrai.

D'Ennery avait disparu dans la fumée.

Que se passait-il ?

L'écrivain traversa le salon en feu... pénétra dans son cabinet... Déjà les flammes léchaient son bureau... D'Ennery se précipita sur ses papiers.

— Rien ! rien ! dit-il.

Puis soudain il poussa un cri... il ouvrit un tiroir... s'empara d'un manuscrit... C'était la fameuse *Histoire du quinzième siècle*.

Et, oubliant le danger qui le menaçait, l'écrivain tomba à genoux et remercia le Seigneur.

Et les flammes augmentaient toujours.

— Peu m'importe mon mobilier, dit d'Ennery ; j'ai sauvé le fruit de mes veilles.

Et il s'élança vers la terrasse pour sauter dans la rue.

— Par ici, d'Ennery ! cria de Chilly, qui avait escaladé la terrasse, par ici... vous ne vous appartenez pas... Songez à notre traité pour le mois d'octobre !

Mais d'Ennery ne l'écouta point !... Il venait de se heurter contre le corps d'un pompier asphyxié par la fumée.

— D'Ennery ! d'Ennery ! s'écria le directeur de

l'Ambigu... pensez à notre traité... Quinze mille francs de dédit !

— Ne me parlez pas d'argent !... Il s'agit de sauver mon semblable !

Et d'Ennery, qui avait déjà un pied sur la terrasse, se précipita de nouveau dans la fumée.

Bientôt on le vit reparaître tenant entre ses bras le pompier évanoui.

— Sauvé, sauvé, mon Dieu ! s'écria de Chilly.

D'Ennery déposa le pompier sur la terrasse... puis, se mettant à genoux à côté du malheureux, il déboutonna la veste du soldat pour le faire renaître à la vie...

Tout à coup d'Ennery poussa un cri effroyable... se leva, et, désignant le pompier évanoui :

— Ami, dit-il à de Chilly, regardez !

Le directeur de l'Ambigu recula à son tour.

— La croix de sa mère ! s'écria-t-il.

— Oui, la croix de sa mère, fit le dramaturge.

Et un torrent de larmes s'échappa de ses yeux.

— C'est mon fils ! sanglota d'Ennery.... J'ai retrouvé mon fils au bout de vingt ans !

Grâce aux soins combinés de d'Ennery et de M. de Chilly, le pompier eut bientôt recouvré ses sens et se précipita dans les bras de son père.

Ce fut un touchant spectacle de voir ce père et

ce fils qui, oubliant le danger qui les menaçait, se tenaient étroitement enlacés au milieu de la fumée.

M. Artus, qui passait par là avec son violon, jouait un léger tremolo...

XX

CRÉANCIERS, DÉBITEURS ET GARDES DE COMMERCE.

Paris attend l'abolition de la contrainte par corps, qui a des partisans et des adversaires également passionnés.

Parmi ces derniers on ne compte pas seulement les gardes du commerce, les recors et les usuriers, mais encore un certain nombre d'élégants gandins. L'hiver dernier, quand il fut question de l'abolition de la contrainte par corps, j'ai rencontré sur le boulevard un jeune fils de famille qui avait l'air bien triste : à mon salut amical il ne répondit que par un regard d'une sombre mélancolie. Les traits de ce garçon étaient décomposés ; sa chevelure, qui se collait autrefois sur les tempes avec une régularité irréprochable, flottait au gré du vent ; le col de sa chemise était irrégulièrement *cassé;* enfin sa démarche était pénible et traînante comme celle d'un homme qui a beaucoup souffert.

Je le regardai passer ; puis, saisi d'une douce commisération, je m'approchai de lui et, passant mon bras sous le sien :

— Ami, lui dis-je, vous est-il arrivé un malheur ?

— Oui, murmura-t-il d'une voix faible.

Cette grande douleur me navrait.

Nous marchâmes ainsi pendant un quart d'heure sans échanger une parole ; je craignais de rouvrir quelque plaie qui était en train de se cicatriser.

Je crus enfin avoir deviné le motif de son chagrin.

— Mon cher ami, lui dis-je... il faut l'oublier... le cœur de la femme est un abîme... que voulez-vous... C'est l'éternelle histoire...; vous êtes jeune, bon, confiant... vous avez cru à ses serments... vous lui avez donné toute votre âme, et puis un soir... on ne vous attendait pas... vous entrez... vous a trouvez en tête-à-tête avec un Russe ou avec un quart d'agent de change, vous accablez la femme de votre mépris... vous échangez votre carte avec le rival. S'il vous manque un témoin, disposez de moi.

— Mais vous êtes fou ! me dit mon ami, que diable me chantez-vous là ? Me prenez-vous pour un imbécile ? Je suis un enfant du siècle... je prends les femmes pour ce qu'elles valent ; quand j'aime une femme, je suis sûr d'avance d'être trompé un jour ou l'autre ; le tout est de savoir attendre...

— Mais, alors...

— Quoi ?

— Vous avez donc perdu votre fortune à la Bourse ?

— Non.

— Vous êtes-vous ruiné au Cercle ?

— Non.

— Je vous avoue que je ne vous comprends plus.

— Ah ! vous ne me comprenez plus ! s'écria le jeune gandin avec une cruelle ironie ; vous ne me comprenez plus !... Et l'abolition de la contrainte par corps !

— Qu'est-ce que cela me fait ?

— Ah ! vous voilà bien, vous autres égoïstes, s'écria mon ami ; cela ne vous touche pas directement, donc cela vous est indifférent ; mais moi, moi, savez-vous ce qui m'arrive ?

— Dites.

— Tenez, écoutez-moi, et vous verrez que rien ne peut donner une idée de ma douleur... Vous connaissez mon père ; il me donne quinze cents francs par mois... Que voulez-vous que je fasse avec ça, moi qui donne trois mille francs par mois à Amanda ?

Heureusement, je connaissais quelques bons usuriers qui me prêtaient à 20 p. 100... Quand je ne payais pas, — ce qui arrivait régulièrement, — on me mettait à Clichy et papa venait me délivrer... La prison pour dettes était la garantie de mes créanciers.

— Eh bien ?

— Eh bien, j'avais besoin aujourd'hui de cinquante mille francs, je me suis adressé à mon prêteur ordinaire. Savez-vous ce qu'il m'a répondu ?

— Je serais enchanté de le savoir.

— Il m'a dit : « Mon cher monsieur, sur quoi voulez-vous que je vous prête maintenant ? — Mais sur ma signature. — Vous êtes insensé, s'est écrié le bonhomme : du moment que la contrainte par corps est abolie, votre père ne peut plus vous délivrer de Clichy ! — C'est vrai, ai-je dit malgré moi. — Donc, vous voyez que l'opération est impossible, a continué l'usurier. — Mais... — Pas de mais, a-t-il dit, je renonce aux affaires. Je m'exile, je vais dans une autre patrie, où fleurissent les recors et les gardes de commerce ; la vie n'est plus possible à Paris... »

— Et c'est là la cause de votre désespoir ?

— Assurément ! Vous ne la trouvez pas suffisante ? Et il me quitta brusquement.

Allez ! on a eu bien raison de dire qu'on ne peut pas contenter tout le monde.

Les pauvres diables qui sont à Clichy ont illuminé leurs fenêtres avec des bouts de chandelles, quand la grande nouvelle de la prochaine abolition de la contrainte par corps est parvenue jusqu'à eux; mais nous avons à Paris dix mille jeunes idiots comme mon ami, qui se plaignent de ne plus pouvoir se ruiner aussi facilement pour ces demoiselles; les usuriers mettent un crêpe à leurs chapeaux et ferment leurs bureaux, et si un jeune fils de famille veut manger sa fortune avec une Amanda quelconque, il faudra bientôt qu'il se décide à emprunter de l'argent aux honnêtes gens.

Il est vrai qu'on ne trouve pas plus facilement de l'argent chez un usurier que chez un honnête homme, et le moment est venu de raconter l'histoire d'un jeune Russe qui, n'ayant que des notions fort superficielles de la langue française, se trouvait dans un cruel embarras. Le courrier de Russie était gelé dans les neiges, et l'échéance d'une lettre de change approchait.

On a généralement remarqué que, lors même que les courriers gèlent et que les trains-express sont arrêtés par la neige, les lettres de change arrivent avec une exactitude qui témoigne de la supériorité d'une signature sur les éléments.

Or, notre Russe résolut d'emprunter de l'argent

à n'importe quel prix. On le conduisit chez un prêteur, et l'affaire fut faite.

Au moment où l'homme d'affaires étalait trente billets de mille francs sur la table, l'étranger lui dit avec une politesse exquise :

— Croyez à toute ma reconnaissance, monsieur l'usurier.

L'homme d'affaires lança au Russe un regard terrible; il reprit l'argent et mit l'emprunteur à la porte.

A l'heure qu'il est, le Russe attend à Clichy le prochain dégel qui lui apportera de l'argent, et il ne cesse de dire à ses codétenus :

— Quel singulier pays que la France, les hommes se fâchent quand on leur donne le titre auquel ils ont droit.

Ce naïf étranger croit encore qu'on dit chez nous : *monsieur l'usurier*, comme on dit : monsieur le préfet.

Parfois la contrainte par corps devient un divertissement agréable pour les nobles étrangers; témoin l'histoire de cet Anglais qui a passé la journée du vendredi-saint de la façon suivante :

Ne sachant comment employer sa journée, il se proposa de visiter Clichy.

On lui refusa l'entrée de ce superbe établissement. Alors il eut recours à une ruse bien singulière.

Il envoya une lettre anonyme à un de ses fournisseurs, dans laquelle il se dénonçait lui-même.

« Lord B..., écrivit-il, quitte la France dans une heure. Il ne reviendra jamais ! Prenez vos précautions ! »

Aussitôt le fournisseur court chez le président, qui autorise l'arrestation de l'Anglais.

Une heure après, une société fort peu distinguée se présente à son domicile.

Un horrible recors, brutal, dégoûtant, mal élevé, deux aides-recors représentent avantageusement le rebut de la société.

Je dis aide-recors comme on dit aide-bourreau.

Voilà donc lord B... emballé dans une voiture crasseuse.

— Faut-il vous conduire chez quelques amis? demande le garde du commerce.

— Je veux bien, dit l'Anglais.

— Où cela?

— Mon Dieu! à cette heure tous mes amis sont au Bois! Allons à Longchamps.

Le cocher fouette son cheval, et la société se dirige vers le Bois.

Chemin faisant, l'Anglais, qui est curieux, interroge ses bourreaux.

— Combien gagnez-vous à ce métier? demande-t-il à un recors.

— Six francs par arrestation ! Ah ! si on en faisait seulement deux par jour, ce serait superbe !

Le recors, enhardi par cette première question, passe au chapitre des confidences :

— Voyez-vous, monsieur, dit-il au lord, c'est bien rare que les débiteurs se laissent prendre comme vous! Il y en a à qui il faut *marcher dessus* pendant un mois.

Ces gens-là marchent sur un créancier comme l'Arabe marche sur un ennemi.

A un moment où l'Empereur passait en phaéton, l'Anglais, sous prétexte de voir le souverain, se met à la portière et fait mine de se précipiter pour s'évader.

Aussitôt les mains crasseuses saisissent ses jambes. Un recors défait un paquet de ficelles pour attacher les mains du farouche débiteur.

— A Clichy ! s'écrie le garde du commerce.

La joie du mylord était à son comble.

La voiture roule.

On pénètre dans la prison.

Tandis qu'on procède à l'enregistrement du débiteur, lord B... se promène dans la cour et visite l'établissement; puis, tirant un portefeuille bien garni de sa poche, il donne un billet de mille francs et dit :

— Rendez-moi la monnaie !

Tableau ! Stupéfaction générale !

Le garde du commerce s'incline avec respect devant son ex-prisonnier.

Au moment où lord B... s'éloigne, un recors lui dit :

— Monsieur retourne sur les boulevards ? Si monsieur veut profiter de notre voiture ?

La farce étant jouée, l'Anglais se détourne avec dégoût.

Mais au moment où il va passer le seuil de Clichy, l'homme qui a défait le paquet de cordes au Bois s'approche, lui tend la main et dit :

— Monsieur, n'oubliez pas le pourboire !

En France, tout doit finir par des chansons ou par des anecdotes... Terminons donc cette première série des *Mémoires du Boulevard* par la lutte héroïque entre UN HUISSIER DU MEILLEUR MONDE ET UN DÉBITEUR.

Le débiteur est un jeune peintre ; l'été venu, il s'est installé dans la forêt de Fontainebleau, sans songer à ses nombreuses échéances.

On ne peut pas penser à tout !

Tandis que le peintre admirait la belle nature, l'huissier présentait à son domicile un effet de 300 francs.

Le concierge déclara que son locataire ne lui avait pas laissé de fonds !

Il s'ensuivit un protêt, puis une assignation devant le tribunal de commerce, un jugement, un appel, un nouveau jugement, sommation, saisie de meubles, significations de vente, affiches et autres agréments : Total, 280 fr. de frais.

Le peintre revint à Paris la veille du jour fixé pour la vente de ses meubles ! Il lui fallait 580 fr., capital et frais. Il se rendit chez plusieurs amis et, en dernier lieu, à un petit cercle où il était sûr de trouver quelques camarades.

La première personne qu'il aperçut à ce cercle d'hommes du monde fut son huissier.

La victime se trouvait en face de son bourreau.

Quelques instants après, l'artiste s'installe à la table de bouillotte, en face de son adversaire.

— Tout ! dit l'huissier.

— Je tiens ! s'écrie le peintre.

L'artiste gagne et ramasse l'argent de l'huissier en murmurant :

— Pour le jugement !

L'huissier devient rouge, mais il se *recave* de cinq louis :

— Tout ! dit-il.

— Je tiens ! répond le peintre.

On abat les cartes : l'artiste gagne encore ; il encaisse l'argent de son adversaire en murmurant :

— Pour la saisie !

L'huissier devient livide. Il tire cinq cents francs de son portefeuille, les jette sur le tapis et dit :

— Tout va !

La lutte devient palpipante.

Au premier tour de cartes, l'huissier regarde son adversaire d'un air provocateur et lui dit :

— Tout !

— Je tiens ! dit le peintre.

L'huissier abat son jeu et s'écrie avec un accent de joie féroce :

— *Cinq cœurs !* enfin !!!

— Pardon ! j'ai *cinq piques* premier ! dit le peintre.

Il prend l'argent de l'huissier et murmure :

— Pour les affiches de la vente !

L'huissier furieux se lève ! le peintre quitte la table et dit à son bourreau :

— Voulez-vous me permettre de vous payer vos nombreux frais avec votre argent ?

— Monsieur ! répond l'huissier, blême de colère... vous vous présenterez demain à l'étude !

Le lendemain, à l'ouverture des bureaux, le débiteur était chez son bourreau.

Mais il ne devait pas complétement jouir de son triomphe.

L'huissier était mort dans la nuit.

Avec ces gens-là, on n'a jamais le dernier mot.

FIN

TABLE DES MATIÈRES

		PAGES
I.	Le crétinisme effréné des hommes	3
II.	On danse chez ces dames	15
III.	Conférence parisienne par Molière	27
IV.	Paris déguisé	39
V.	Les nobles étrangers	53
VI.	Le chemin du succès	71
VII.	Ici l'on triche	91
VIII.	Les concerts populaires de musique classique	103
IX.	Les boulevards du Midi	117
X.	La dynastie des Rothschild	131
XI.	Les bals masqués du boulevard de l'Hôpital	141
XII.	Souvenirs d'un décavé	153
XIII.	Ce qu'on raconte au grand 16	169
XIV.	Les auteurs de *Martha*	187
XV.	Souvenirs d'un décavé	199

XVI. Guide des ambassadeurs japonais dans la civilisation parisienne.	215
XVII. D'où viennent les nourrices.	220
XVIII. Beaux-arts et bric-à-brac.	241
XIX. Les drames parisiens.	255
XX. Créanciers, débiteurs et gardes de commerce.	271

PARIS.—IMPRIMERIE POUPART-DAVYL ET C⁰, 30, RUE DU BAC.

www.ingramcontent.com/pod-product-compliance
Lightning Source LLC
Chambersburg PA
CBHW070757170426
43200CB00007B/816